宝石商が本当は売りたくない
アーガイル産ピンクダイヤモンド

石部高史
ISHIBE TAKAFUMI

幻冬舎MC

世界で最も美しい資産
アーガイル産
ピンクダイヤモンド

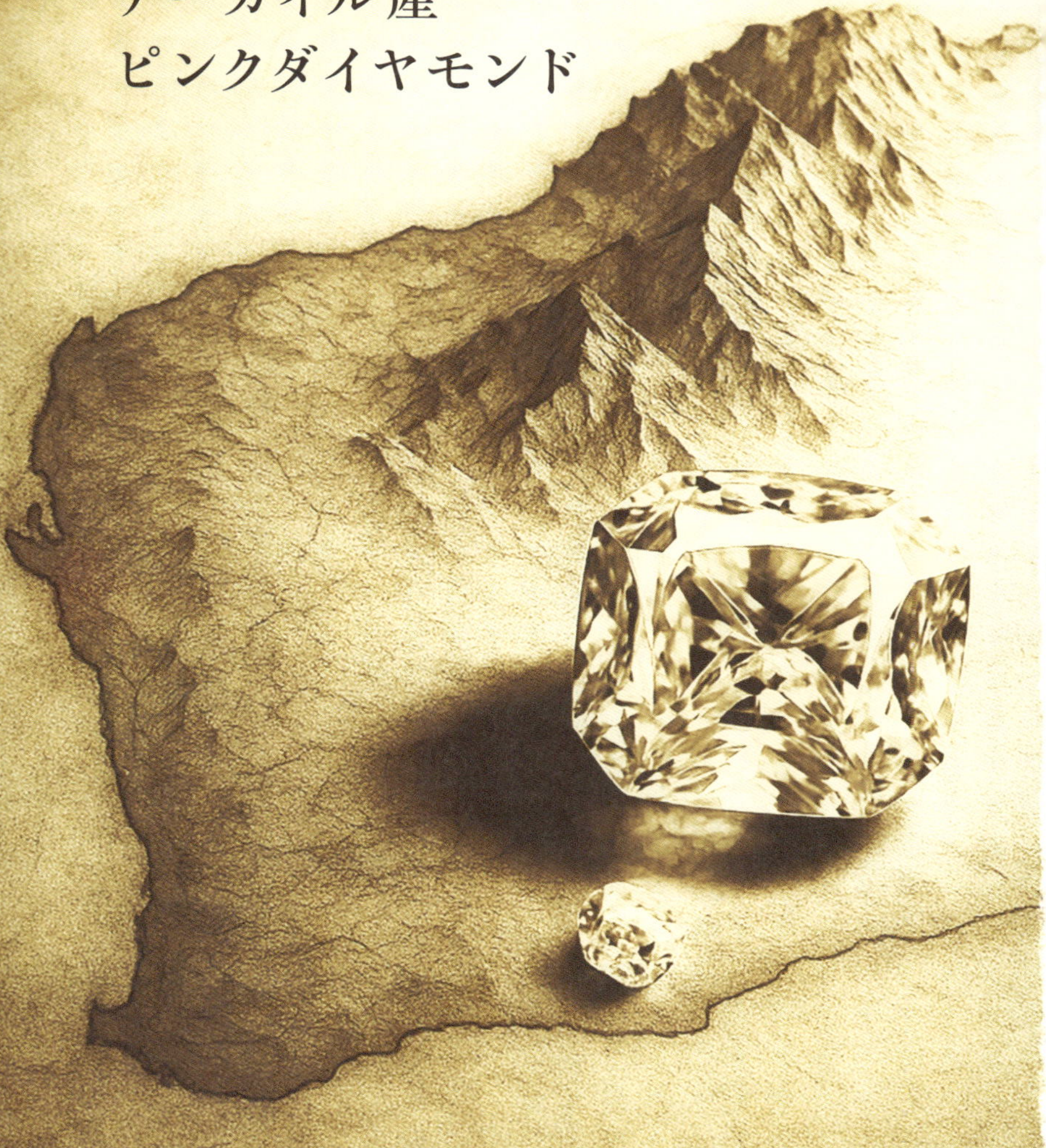

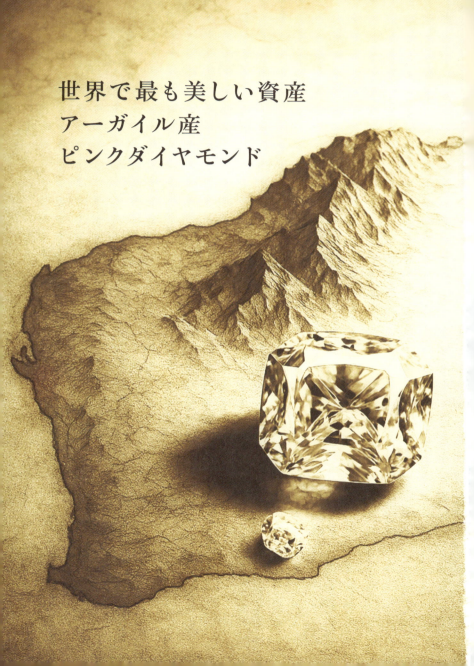

ピンクダイヤモンドとは――
ダイヤモンドのなかで
0.01％
という超希少資産

一般的なダイヤモンドが無色透明であるのに対し、ピンクダイヤモンドはピンク色に輝き、その美しさで多くの人を魅了している。著名人はもちろん、近年は一般層にも人気が広がりつつあるが、ダイヤモンド全市場流通量のわずか0.01％という希少価値から、ジュエリーとしてだけでなく現物資産としての価値も高まっており、資産保全の手段として注目を集めている。

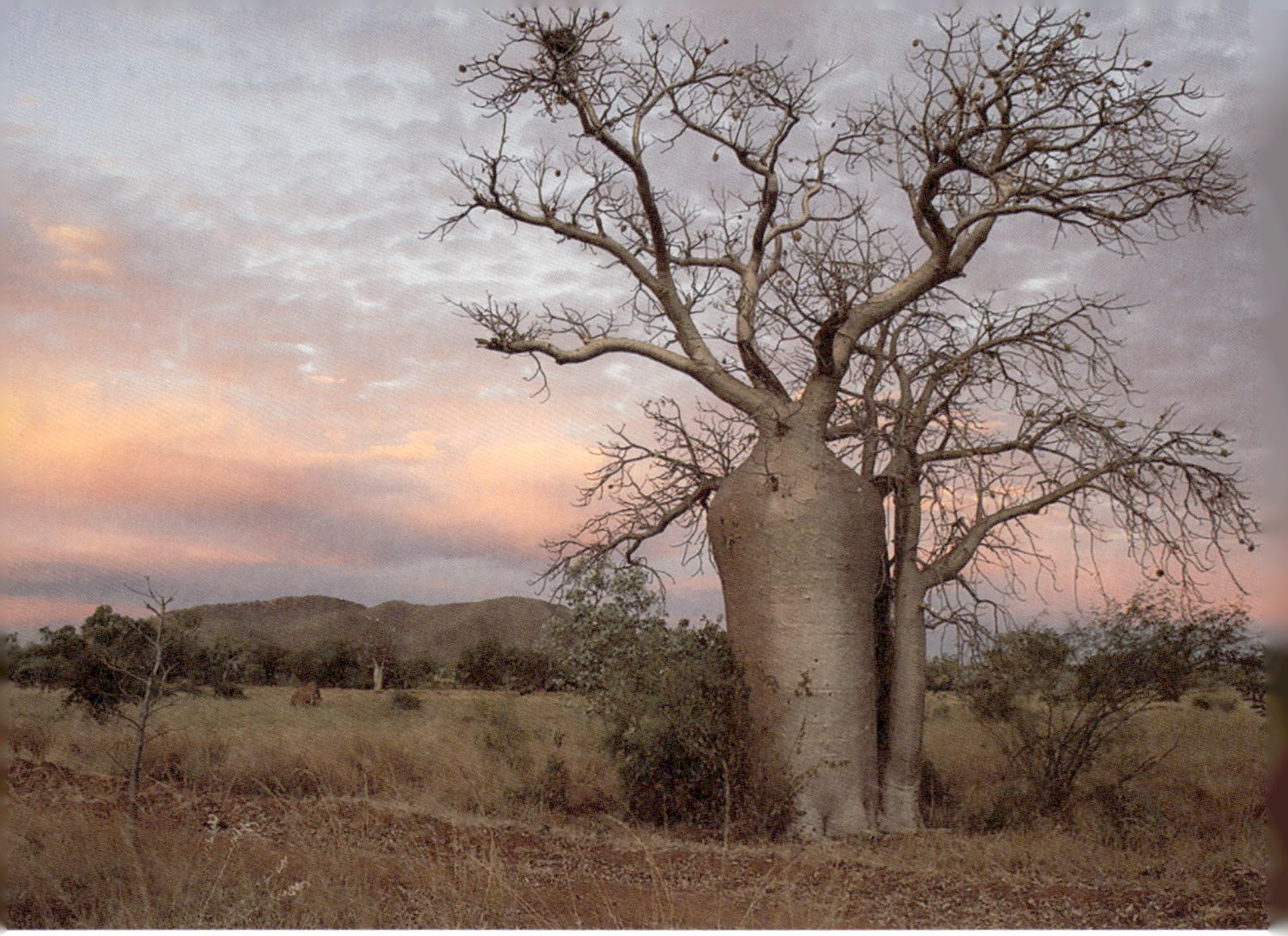

約90％は アーガイル産

ピンクダイヤモンドが採掘される場所は世界でも限られている。なかでも有名なのがオーストラリアのアーガイル鉱山。ピンクダイヤモンド産出量のうち約90％を占めており、そのうえ品質も高く、同鉱山のピンクダイヤモンドは人気を博してきた。

「アーガイル認定」が特別な価値をもつ理由

ピンクダイヤモンドは色の濃淡やサイズ、透明度により価値が大きく異なる。基本的には色味が濃く鮮やかなものほど価値が高く、アーガイル産のピンクダイヤモンドは色が鮮やかという特徴がある。

ガードル部分のシンボルマークとシリアルナンバーの刻印

APD

ARGYLE PINK
DIAMONDS

GEM IDENTIFICATION AND AUTHENTICITY DOCUMENT

ID No.	123456
Carat Weight	0.30ct
Shape	Round
Clarity	P2
Colour	5PP
Origin	Argyle Diamond Mine, Western Australia

DATE OF ISSUE 27 July 2015 SIGNATURE OF AUTHORITY

THIS INFORMATION IS NOT A GUARANTEE, VALUATION OR APPRAISAL. IT DESCRIBES IDENTIFYING CHARACTERISTICS OF YOUR DIAMOND(S) BASED ON GRADING TECHNIQUES AND TECHNOLOGY AVAILABLE TO AND USED BY ARGYLE DIAMONDS AT THE TIME OF ITS EVALUATION.
ARGYLE PINK DIAMONDS 1 WILLIAM STREET, PERTH 6000, WESTERN AUSTRALIA.

認定証

オークションで
高値落札
が相次ぐ

2022年、国内のオークションに希少とされる6.11カラットのピンクダイヤモンドが出品され、5億3000万円で落札された。過去最高は2017年に出品されたブルーダイヤモンドで2億2500万円であり、大幅に上回った。

競売大手のサザビーズでは59.60カラットのピンクダイヤモンドが出品され、7120万ドル（当時の通貨価値で約78億円）という超高額で落札された。当初の予想落札価格の約3倍に達し、カラット当たりの額として史上1位となった。

ダイヤの価値を決める 4つのC

4Cとは、「Cut（カット）」「Carat（カラット）」「Color（カラー）」「Clarity（クラリティ）」。これら4つの項目から総合的にグレードを判別する。

Cut

Brilliant Cut
理想的なカットのプロポーション

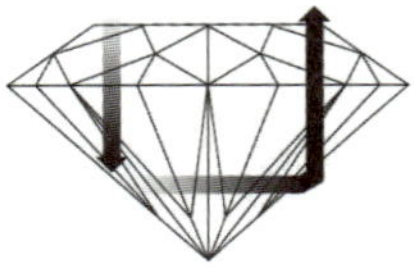

Shallow Cut
浅いカット

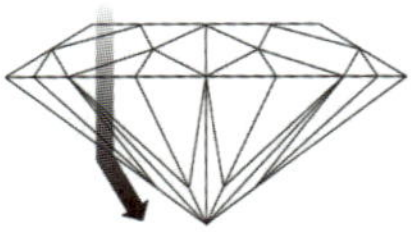

Deep Cut
深いカット

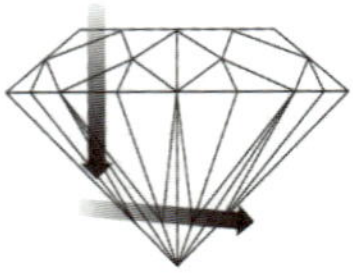

Excellent
最上級品 光学的に理想

3EX H&C
トリプルエクセレント

H&C EX
ハート&キューピッド

Excellent
エクセレント

Very Good
理想的

Good
良好

Fair
やや劣る

Poor
劣る

最も重要とされるのがカット。カットの種類ごとに、光の明るさや分散度、きらめき具合などを勘案して、7段階で評価する

Carat

ダイヤモンドの重さを表す項目で、１カラットは０．２グラムになる。重いダイヤモンドほどサイズも相対的に大きくなり、希少性が高くなる傾向にある

Color

ダイヤモンドの色合いを表す。一般的なダイヤモンドの場合、無色透明に近いほど価値が上がり、反対にピンクダイヤモンドは濃くなるほど希少価値が増す

Clarity

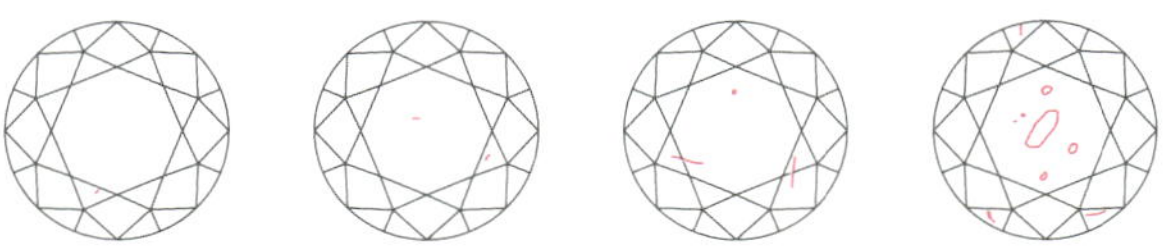

ダイヤモンドの透明度を表す。一般に不純物や傷の有無で透明度は上下する。透明度が高いものほど等級が上がり高品質となる

ピンクダイヤモンドの
カラーグレード

ピンクダイヤモンドにおいては、特に色合いが重要な意味をもつ。そのためアーガイル鉱山独自のグレーディングシステムを用いてピンク色を彩度で細かく分け、濃淡などで等級を判別している。これにより正確な品質が保証され、国際的な信頼性を得られている。

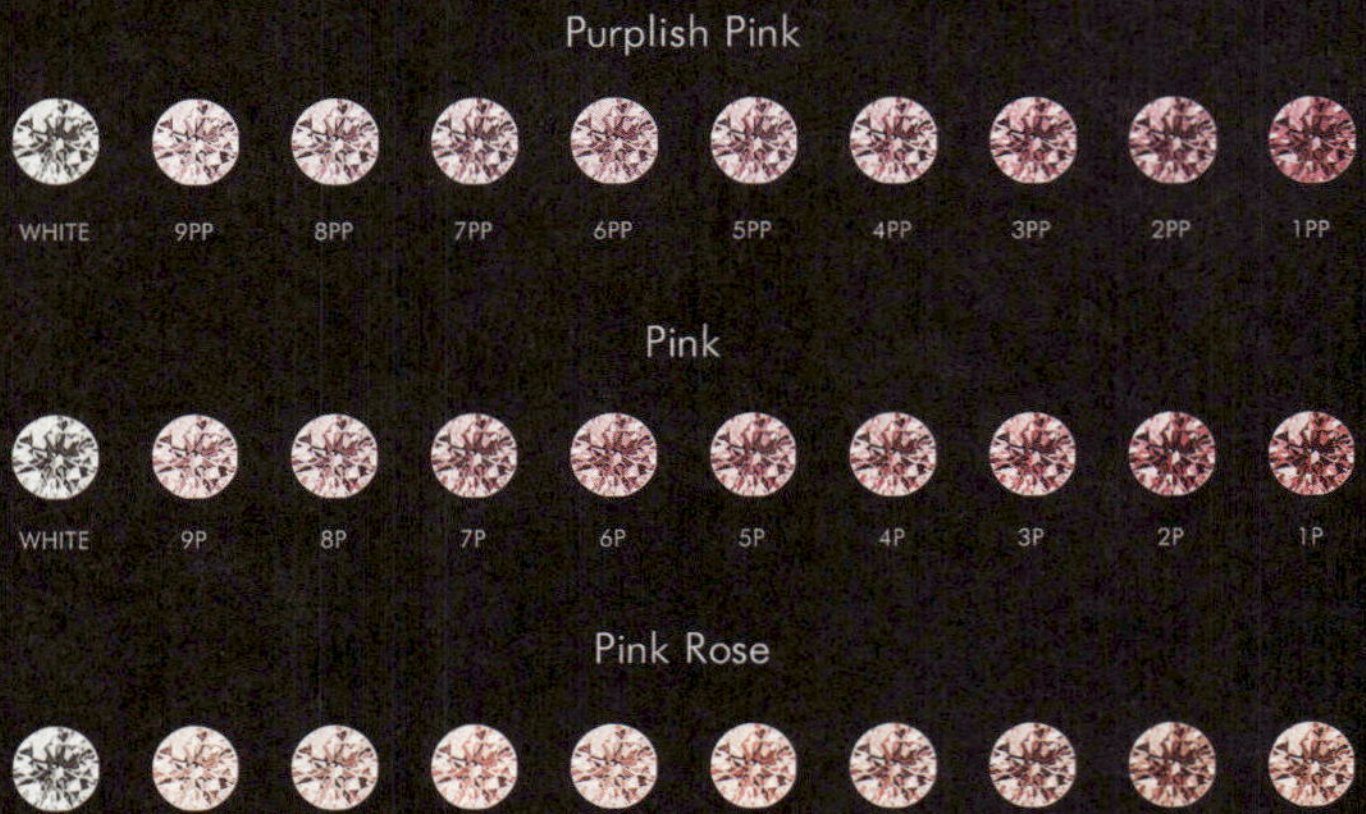

今後ますます
価値が高まる
ピンクダイヤモンド

宝石として人気の高いピンクダイヤモンドは、その希少価値の高さから実物資産としてますます注目を集めている。アーガイル鉱山の閉山後は流通量が減り、さらにその価値が上昇。インドやロシア、南アフリカなどでも産出されてはいるものの、アーガイル産の品質には及ばず、天然のピンクダイヤモンドは今後さらに供給量が減ることが予想されている。

「本物」
を扱う専門店

ピンクダイヤモンドには天然石と人工のものがある。人工的に着色したものには資産価値はなく、天然石ほど鮮やかに色を出すことはできない。しかしながら、専門家でなければ天然石と人工の判別は難しい。近年、専門の販売店も登場しており、こうした店ではピンクダイヤモンドの専門員を配置している。また、専門店では鑑定書もつくため、購入の際は専門店に行くことをお勧めしたい。

家族で
受け継がれていく
ピンクダイヤモンド

ピンクダイヤモンドの宝石言葉は「永遠の愛」「完全無欠の愛」。まさに婚約指輪や結婚指輪など、特別なジュエリーにあしらうのに適した宝石である。結婚に限らず、親から子へ代々受け継いでいくにふさわしい品といえる。

歴史的にも職人の集う

「ジュエリータウン」おかちまち

東京都台東区上野にある御徒町《おかちまち》。江戸時代には仏具や銀器の職人が多く集まり、明治時代以降は指輪の量産技術が進んで宝飾品取引の中心地として発展した。

東叡山寛永寺の根本中堂
寛永2（1625）年、徳川幕府の安泰と万民の平安を祈願するために建立された寛永寺は格式高く、上野の歴史を感じることができる。（写真提供：台東区）

また、第二次世界大戦後に上野で米兵士が販売した時計やアクセサリーの闇市がアメ横の母体となり、現在の商店街へと続いている。

昭和30年代からは、時計・宝飾業者の「市」も行われるようになり、宝飾品取引の中心地となった。現在は約2000軒もの宝飾関連の事業所が連なる国内最大級の「ジュエリータウン」として知られている。

御徒町駅前の様子

本物の宝石を、
正しいかたちで
未来へ

実物資産はダイヤモンドだけではない。金は世界共通の価値として揺るがぬ地位を保ち、アンティークコインは時代と文化を映すタイムカプセルのような存在。クラシックカーは職人技と美学の粋の結晶、アートはその時代の精神を宿している。

実物資産には、選ばれるだけの理由がある。どれもが美しく、どれもが確かで、そしてそれぞれに、異なる物語と魅力をもつ。

そのなかでピンクダイヤモンドを選ぶのは、この小さな石が“奇跡”のような存在だからである。数億年という時間のなかで、偶然に偶然が重なって生まれた天然の色。もう採れない、もう増えない、ただ“今、ここにあるだけ”という希少性。そして、手にした人だけが知る、静かで力強い輝き。それは所有することで完成する、一つの物語である。

ただ保管するための資産ではなく、ただ価値が上がることを願う対象でもない。持ち主の想いを映し、人生とともに意味を深め、やがて世代を超えて、手から手へと受け継がれていくもの。資産という言葉だけでは語りきれない、“時間の価値”と“記憶の価値”を宿すもの――それが、ピンクダイヤモンドである。

数ある選択肢のなかで、これほど確かで美しいものはほかにない。

宝石商が本当は売りたくない
アーガイル産ピンクダイヤモンド

はじめに

２０２０年11月、オーストラリアのアーガイル鉱山が採掘可能な原石の枯渇により閉山したことが、世界中の富裕層の間で話題になりました。

アーガイル鉱山は稼働していた期間こそ37年と短命でしたが、歴史に残るダイヤモンドを数多く産出した希代の鉱山です。なかでもピンクダイヤモンドについては、世界の産出量の90％以上を占め、品質においても最上級の評価を得てきました。

そもそもピンクダイヤモンドは一般的な無色透明（カラーレス）のダイヤモン

ドと比べて産出量が圧倒的に少なく、「奇跡の宝石」と呼ばれます。その証拠に、これまでオークションに出品された宝石の中で落札額が最高（約84億円）だったのも、1カラット当たり単価が最高（約3億円）だったのも、ピンクダイヤモンドです（当時の落札レート計算）。

このようにピンクダイヤモンドは、その美しさと希少性の両方を兼ね備えていることから、宝飾品にとどまらず資産としてもその価値を高めてきました。中でもアーガイル産のピンクダイヤモンドは別格の存在とされます。

そのアーガイル鉱山が閉山したことで、今後「アーガイル」の名を冠したピンクダイヤモンドが新たに産出されることはありません。アーガイル産ピンクダイヤモンドの価値はますます高まるはずです。

コロナ禍後の世界的なインフレ高進、ウクライナやパレスチナでの長引く紛争、そしてトランプ関税による世界経済の混乱など、これまでの常識が通用しない時代になってきた今、「銀行に預金しておけば安心」「投資信託で積み立てをしていれば資産が増える」といった考えは通用しなくなっています。

そのため多くの富裕層が株式や債券、不動産、金地金などに加え、さらなるリスクヘッジの手段としてアーガイル産ピンクダイヤモンドに注目しているのです。

私はこれまで日本全国にブライダルリングやダイヤモンド、高級腕時計の正規販売店を含む直営ショップを50店舗以上展開するとともに、２０２３年、日本最大級のジュエリータウンである東京・御徒町《おかちまち》にアーガイル産ピンクダイヤモンドを専門に扱う「ビジュピコ 東京サロン」をオープンしました。以来、富裕層のみなさんにその美しさと希少性をご紹介するとともに、資産防衛に関するアドバイスも提供しています。

本書は日本で初めて、「ピンクダイヤモンド」の魅力と価値にフォーカスし、「なぜピンクダイヤモンドが資産防衛の一手となるのか」「ほかの実物資産と比べてどのような優位性があるのか」といった疑問に詳しく答えながら、ピンクダイヤモンド、とりわけアーガイル産ピンクダイヤモンドの持つ価値や、実際に購入するにあたって必要な知識をまとめました。

本書が富裕層のみなさんにとって資産防衛についての新たなヒントになれば、著者としてこれほどうれしいことはありません。

目次

第1章

株、不動産、債券、金、仮想通貨……
富裕層に求められるインフレ対策とポートフォリオの多様化

第2章

景気の影響を受けにくい確かな安定性——実物資産としての「ダイヤモンド」

第3章

市場への流通量が限られたダイヤモンド界の最高峰
最強の資産保全先「アーガイル産ピンクダイヤモンド」とは

第4章

商品の選び方や売買方法、パートナーの選び方…… ピンクダイヤモンドに投資をするための実践知識

第5章

ピンクダイヤモンドは資産としての価値だけではない——時を経ても変わらない輝きは思いをつなぐかけがえのない手段

第1章

株、不動産、債券、金、仮想通貨……

富裕層に求められるインフレ対策とポートフォリオの多様化

大切なものを守り、引き継いでいくために

古来、人は自分たちにとって大切なものを守るために知恵を巡らせ、さまざまな工夫をしてきました。天災という自然の脅威から命を守るため高台に集落を築いたり、異民族の襲来によって暮らしを奪われないよう城壁を巡らしたり、次世代へ富を引き継いでいくため貴金属を蓄えたりしてきたのです。

18世紀半ば、イギリスから始まった産業革命と資本主義もある意味、そうした工夫の一種かもしれません。産業革命と資本主義による近代化で世界は驚くほど豊かになりました。日本もそうです。特に第二次世界大戦後、驚異的な経済成長を遂げ、これだけ平和で豊かな社会が実現したことは過去にはないはずです。

しかし、この世からリスクがなくなることはありません。平和で豊かな社会になればなるほど、万が一の際には大きなダメージを受けます。築き上げた富をどのように守り、次の世代へ引き継いでいくかは永遠の課題です。

10年で倍増した富裕層と超富裕層

大きな富を築き上げた人たちは、富裕層や超富裕層と呼ばれます。

野村総合研究所の調査によれば、2023年時点で日本国内には純金融資産を5億円以上保有している「超富裕層」が11万8000世帯、同1億円以上5億円未満の「富裕層」が153・5万世帯いるとされます。これは10年前の2013年と比べほぼ倍にあたります。

こうした富裕層や超富裕層のみなさんにとって、これから極めて重要になると思われるのが「資産防衛」です。

日本経済はバブル崩壊後、長らくデフレ（デフレーション）で低迷しましたが、2012年末に始まった「アベノミクス」で株価の上昇や円安が進み、富裕層や超富裕層ほど金融資産が大きく増えました。なかには相続によってまとまった資産を引き継いだり、仮想通貨が大化けしたりしたことで資産形成がうまくいったケースもあったと思います。

しかし、これからは違います。世界を見ればロシアのウクライナ侵攻や中東のパレスチナ紛争、さらに米国トランプ政権の誕生による関税合戦などにより、世界の情勢は急速に流動化しています。

インフレも大きな懸念材料です。日本の物価上昇率は2%をすでに3年以上にわたって上回り、長期金利の指標となる新発10年物国債の利回りは16年ぶりに1・5%を超えてきています。

さらにいえば、日本の周辺には核兵器を含む大規模な軍事力を持つ中国とロシアがあり、北朝鮮は核・ミサイルの開発や挑発を繰り返しています。台湾有事、朝鮮半島有事は決して絵空事ではありません。

今年（2025年）はちょうど戦後80年、昭和100年です。歴史を振り返れば、社会や経済の混乱によって最も影響を受けるのは富裕層や超富裕層です。

目の前に現れたインフレのリスク

経済が発展し、社会が豊かになった今、資産を脅かす最も大きなリスク要因はインフレ（インフレーション）です。

インフレは商品やサービスの価格（物価）が上昇し、相対的にお金（貨幣）の価値が目減りすることです。

例えば、今１００万円で買える商品があったとして、これが年３％のインフレで値上がりしていくと10年後には約１３５万円、年５％のインフレであれば１６０万円以上になります。手元に現金が１００万円あったとして、何もしなければ10年後も１００万円のままですから、ずいぶん損をすることになります。

ただ、日本は１９９０年のバブル崩壊以降、デフレが長く続きました。デフレではインフレとは逆に、商品やサービスの価格に対してお金の価値が上昇します。単純化すれば、資産を現金や預金で持っておくほうが有利でした。

しかし、新型コロナウイルス感染症の世界的な流行が収束して経済活動が再開したあと、欧米に続き日本にもインフレの波が押し寄せています。

２０２５年４月の消費者物価指数は前年同月比３・６％の上昇でした。３・６％という数字はアメリカやドイツ、フランスなど主要７カ国のなかで最も高い数値です。

これがさらに、いわゆるハイパーインフレへつながるかどうかは分かりませんが、可能性はゼロではないと思います。

「ハイパーインフレ」とは、経済学者の定義では「月間50％超」、あるいは国際会計基準では「３年間で累積１００％以上」とされます。いずれにせよハイパーインフレが起こるのは、一国の中央銀行や政府が過剰な債務を抱えたり、紙幣を大量に供給したり、あるいは戦争等で国家の運営が立ちゆかなくなったりして、その国の通貨の信用がなくなるのが原因です。

万が一ハイパーインフレになると、その国の経済はマヒし、金融資産の価値が暴落。国民生活は危機的な状況に陥ります。

日本人の金融資産は現金と預貯金が50％

富裕層を含めて日本人の多くは、金融資産の多くを現金や預貯金の形で保有しています。日本銀行によると、２０２４年12月末時点で日本の家計金融資産は２２３０兆円と過去最高を更新しました。

このうち、現金・預金が１１３４兆円で50・９％を占めます。続いて、保険・年金・定型保証が５４４兆円で24・４％、株式等が２９８兆円で13・４％、投資信託が１３６兆円で６・１％などとなっています。

いまだ日本人の資産が現金・預金に偏っていることは明らかです。こうした現金や預貯金志向の根強さにはいろいろ理由があるとはいえ、本格的なインフレが進み始めた今、日本人はデフレからインフレへ意識を切り替えるべきです。

家計の金融資産構成（2023年）

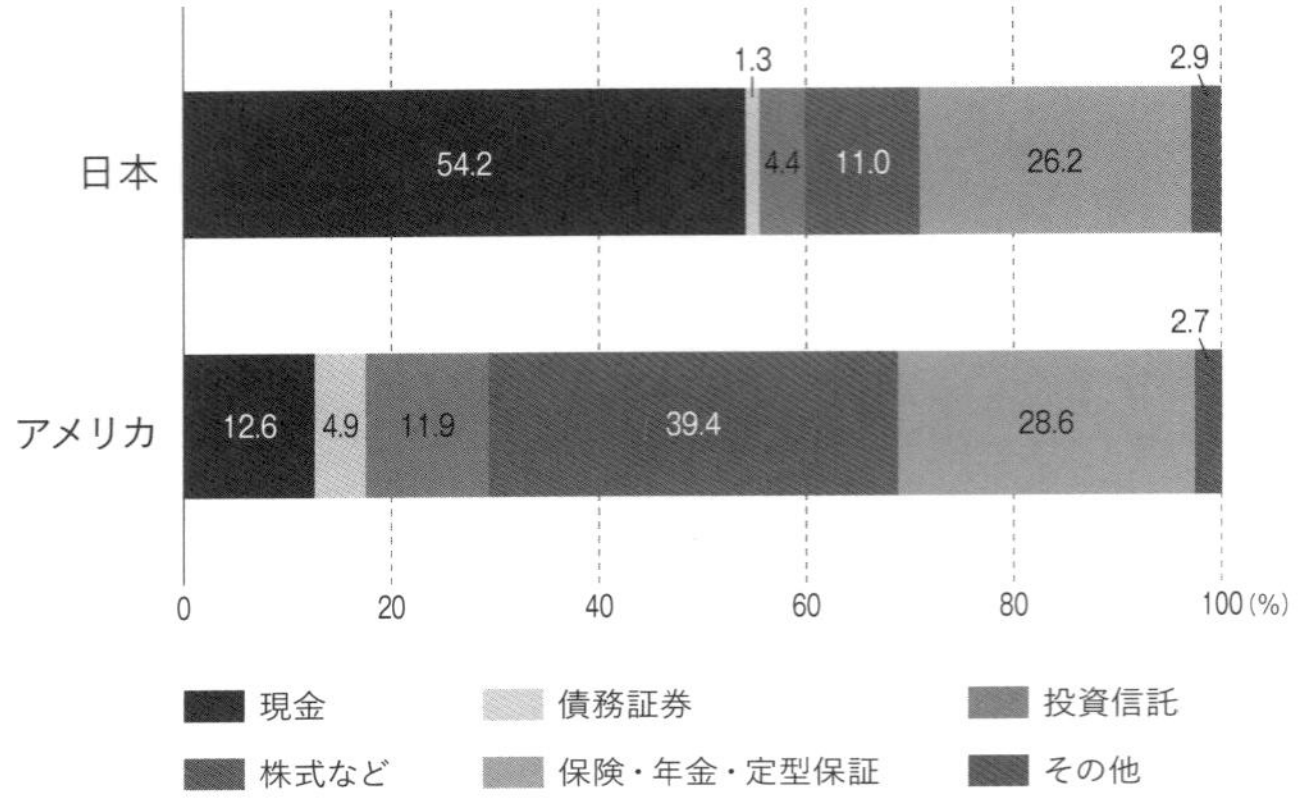

日本銀行調査統計局「資金循環の日米欧比較」（2023年8月）を基に著者作成

家計の金融資産構成（2024年）

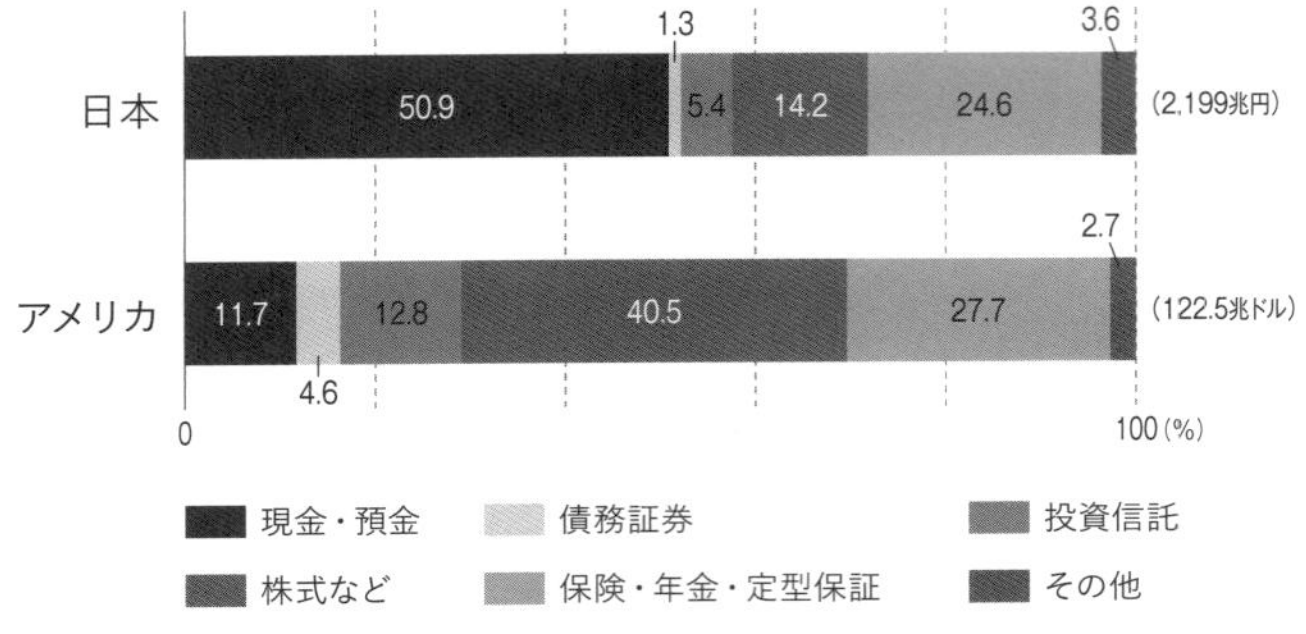

日本銀行調査統計局「資金循環の日米欧比較」（2024年8月）を基に著者作成

自然災害をきっかけに財政破綻の可能性も

いつ起こってもおかしくないリスクが、巨大地震などの自然災害です。

２０２５年１月、政府はマグニチュード８から９と想定される「南海トラフ巨大地震」が今後30年以内に発生する確率を従来の「70％から80％」から「80％程度」に引き上げました。また、同年３月には新しい被害想定を発表しました。

注目すべきは、経済被害が最大２９２兆３０００億円に達することです。これは前回の想定（約２２０兆円）から大幅に増加し、日本の国家予算（１１５兆円）の２倍を優に超えます。被災地では企業の撤退や倒産が相次ぎ、サプライチェーン（供給網）が寸断。全国で生産やサービス活動の停止を招き、日本経済は深刻な打撃を受けます。

「首都直下地震」もそうです。政府は首都圏で今後30年以内に70％の確率でマグニチュード7程度の大地震が起こると予測しています。経済的な被害は、建物が壊れるなど直接的なもので42兆円余り、企業の生産活動やサービスが低下するなどの間接的な被害は48兆円近く、そのほか合わせて95兆円にのぼります。

あるいは、富士山が噴火した場合の対応策も国において検討されています。江戸時代の「宝永噴火」に相当するような大規模な噴火が起きれば、東京都や神奈川県などで数cmから10cm以上火山灰が積もる恐れがあり、鉄道の運行や道路の通行などに大きな影響が出ると指摘されています。経済的な被害想定は出されていませんが、相当な規模になることは間違いありません。

重要なことは、これらの自然災害が日本経済に及ぼす影響の深刻度です。南海トラフ巨大地震の新しい被害想定では、「復旧・復興が遅れた場合、生産機能の海外流出や、日本の国際競争力の不可逆的な低下を招く恐れがあり、国の存立に関わる深刻な問題となる」と警告しています。

すでに国の財政は危機的状況にあります。これまでに積み上がった赤字国債を含む残高が2025年度末で1129兆円に上ると見込まれ、GDPの2倍を超えます。また、2025年度の一般会計予算115兆円のうち、歳入の4分の1

は新規国債の発行によるものです。支出については、年金や医療など社会保障費関係が3分の1を占めます。毎年新たな借金を重ねつつ、支出は硬直的で見直しが難しいという構図です。

もしこうしたなかで南海トラフ巨大地震や首都直下地震、富士山の噴火などが発生すれば、たちまち日本の国家財政は行き詰まり、「国の存立に関わる深刻な問題」に発展することは明らかです。

最も影響を受けるのは富裕層や超富裕層

経済が右肩上がりで社会も安定していれば、資産形成も資産保全もさほど難しいことではありません。金融資産を中心にした分散投資で十分、対応できます。

しかし、21世紀に入ってからはリーマンショック（２００８年）、新型コロナウイルス感染症（２０２０年）、そして最近はウクライナやパレスチナでの紛争、米国のトランプ政権による一方的な関税引き上げなど世界的な危機が立て続けに起こるようになっており、「動乱の時代」の始まりを予感させます。

「動乱の時代」において、最も影響を受けるのは富裕層、超富裕層のみなさんです。

例えば、平均的な世帯で１０００万円の貯蓄が半分の５００万円に目減りしたとしても、仕事を頑張ったり節約したりすれば数年で元に戻るかもしれません。

しかし、富裕層が保有する10億円の資産が半分の５億円に目減りしたとすると、その心理的な影響やリカバリーの難しさは桁違いです。

実際、日本では第二次大戦後、農地解放による土地没収と新円切り換えによるハイパーインフレで多くの地主層、富裕層が没落の憂き目を見ました。

こうしたことを考えたとき、富裕層にとって欠かせないのが「資産防衛」の発想と行動です。豊かになればなるほど、蓄えた大切な富を守り、次の世代へ引き継いでいくことがより重要になるのです。

資産防衛とは「減らさないこと」「失わないこと」

「資産防衛」に似た言葉に「資産保全」があります。しかし、「資産保全」はどちらかというと平時の考え方です。それに対し「資産防衛」は有事への備えです。「資産保全」では一般に、アセットアロケーションという方法を用います。アセットアロケーションとは、投資対象を値動きが異なるいくつかの資産グループ（アセット）に分け、投資目的やリスク許容度に応じて組み合わせるものです。具体的にはいろいろなやり方がありますが、大きくは株式、債券および現金といった伝統的なアセットと、不動産、貴金属、保険商品、デリバティブ、美術品などの非伝統的なアセットを組み合わせるのが基本です。これにより、経済状況や社会情勢の変化による影響を最小限に抑えつつ、一定のリターンも目指すのです。

これに対し「資産防衛」はより安全性を重視し、資産の目減りを徹底的に避けます。

投資した対象が33％値下がりした場合（１００－33＝67）、そこから元の金額に戻すには50％のプラスが必要です（67＋67×50％≒１００）。しかし、値下がりが10％であれば（１００－10＝90）、11％の上昇で元の金額に戻ります（90＋90×11％≒１００）。このように「資産防衛」では保有する資産の大きな目減りを避けることが決定的に重要です。

さらに、「資産防衛」では、保有資産の目減りを避けるだけでなく、保有資産を失うリスクも想定します。例えば、災害によって住む土地から逃げなければならないリスク、戦争によって資産を奪われるリスクなどです。

「資産防衛」の目的はリターンの最大化ではなく、徹底したリスク回避です。すでに十分な資産があるのであれば、無理をして増やすことより、万が一の際に大きく減らさないことがとにかく重要です。

信頼に足る資産かどうかの見極め

資産防衛においても基本となるのはアセットアロケーションと同じ「分散」の考え方です。

投資の世界では昔から「一つの籠に卵を盛るな」という格言があります。大切な資産は複数の投資対象への分散でリスクを抑えることを説いたものです。

これまで日本の富裕層の資産保全では、現金（預貯金）のほか不動産が大きな役割を果たしてきました。

しかし、資産のすべてを不動産で所有する人は、一部の地主さんを除いてあまりいないと思います。それは、いざというときの流動性や使い勝手に問題があるからです。預貯金のように好きなとき、好きなだけ引き出して使うことは難しく、換金するにはまず買い手を探すところから始めなければなりません。

また、不動産は大地震などの自然災害で大きく値下がりする恐れがあります。

例えば、２０１１年の東日本大震災の際、首都圏でも湾岸エリアの一部では地盤の液状化が発生。周辺の地価が大きく下がりました。あるいは、福島県内では原発事故の影響で長期間、避難を余儀なくされたエリアもあったことは記憶に新しいところです。

現物資産には不動産のほかにもさまざまな種類がありますが、リスクをコントロールするために資産を分散するといっても、一つ間違えればむしろリスクが拡大するかもしれません。そもそも信頼に足る資産かどうかという見極めが必要なのです。

それぞれの資産グループ（アセット）には特徴があり、長所・短所があります。その中で欧米の富裕層は歴史的に金融資産や不動産と並んで、あるいはそれら以上に、金などの貴金属やアンティークコイン、珍しい宝石など少量で価値の高い「動産」を資産防衛のため積極的に利用してきました。

激動の時代を迎える日本の富裕層のみなさんにとって、欧米の富裕層の知恵はとても参考になるはずです。

「金融資産」と「実物資産」の違い

資産には大きく分けて「金融資産」と「実物資産」があります。

「金融資産」は、株式、投資信託、債券、商品（コモディティ）、通貨（為替）など主に紙やデータの形をとり、経済的な価値が認められている資産です。

紙やデータの形をとっているので取り扱いが容易であり、市場において大量に取引され、少額からの売買が可能で、かつ価格の透明性が高いという特徴があります。収益化の方法も、市場における価格変動のほか、株式の配当、債券の利息、為替における金利差などさまざまな方法があります。

さらに、金融資産は種類や銘柄が多いので、それらを組み合わせることでリスクを分散させやすく、資産形成や資産保全において中心的な役割を果たしています。

一方で、「金融資産」のうち、株式や債券は発行体の業績悪化などによって価値が大きく損なわれることがあり、通貨はインフレによって大きく減価することがあります。リーマンショックのような金融危機ともなると、あらゆる金融資産が暴落することもあり得ます。

これに対し「実物資産」は、不動産、貴金属、宝石、美術品など実体を持ち、その実体に価値がある資産です。

実体に価値があるため、金融資産のように万が一の際に紙切れになってしまうリスクは低いといえます。また、実物資産はその市場価格が物価に連動し、基本的にインフレに強いとされます。

とはいえ、実物資産はそれぞれの個別性が高く、取引価格が高額になりがちで、売り手・買い手を探すのに一定の時間がかかり、適正価格の評価も難しいところがあります。また、管理や保管に一定の手間とコストがかかります。

このように「金融資産」と「実物資産」の強み・弱みはそれぞれ相反する面があります。保有資産が数億円から数十億円、さらにそれ以上のレベルの富裕層にとって、「金融資産」の組み合わせだけではリスク分散が十分に行えない可能性があり、その分「実物資産」を上手に組み合わせることが大切になってきます。

なお、資産全体に対する実物資産の割合については、資産全体の額、資産背景や運用の目的・方針などで変わってきます。日本では不動産をどの程度組み込むかもポイントですが、不動産以外の実物資産についてはまずは資産（不動産を除く資産額）の数％程度から始め、状況をみながら徐々に増やすことを検討すればよいと思います。

金1gあたりの買取相場と推移

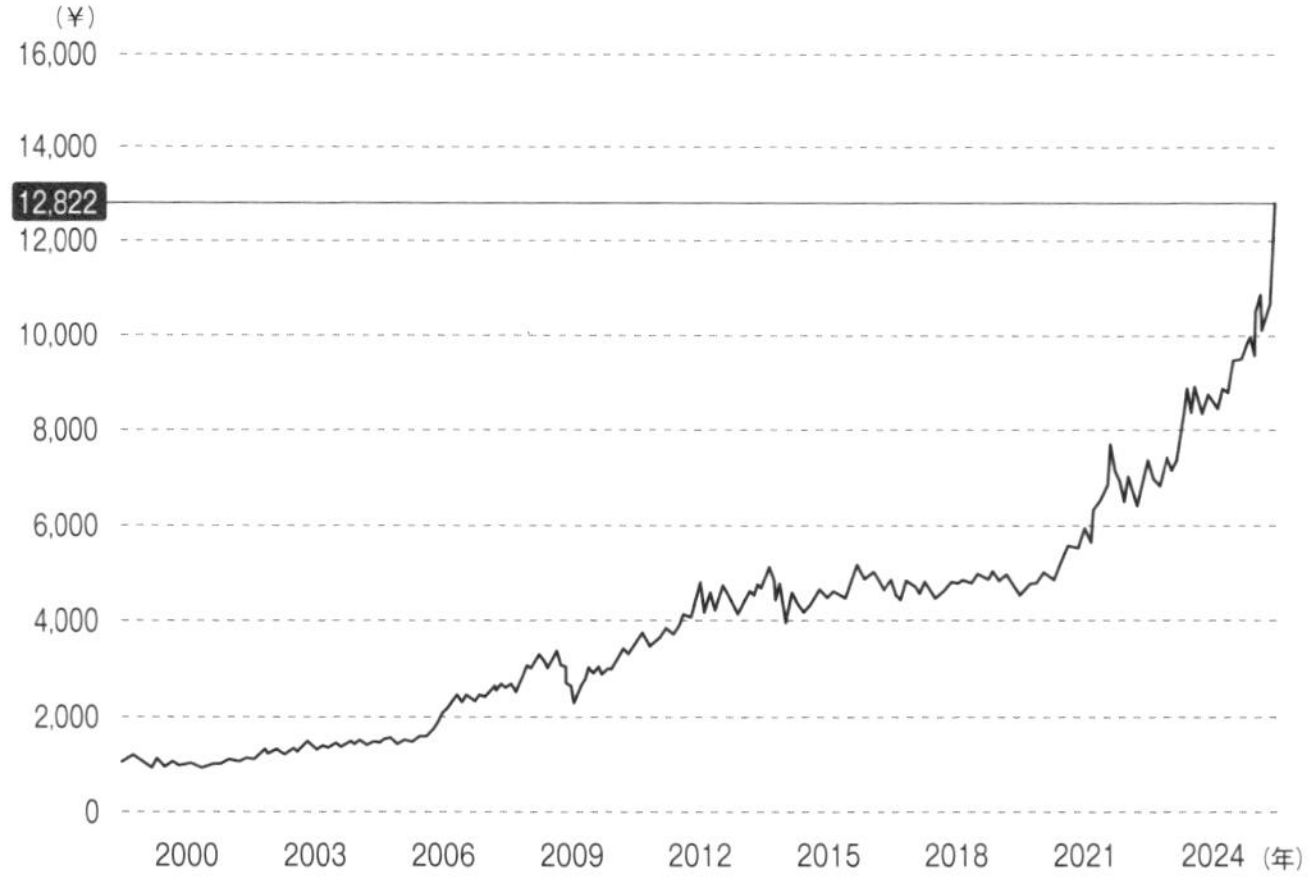

田中貴金属工業「金価格推移」を基に著者作成

代表的な実物資産とその特徴

昨今、金の価格が大きく値上がりしているというニュースを耳にします。田中貴金属工業が発表している「金価格推移」によると、2000年に1gあたり1000円台だったものが、2025年には1万7000円を超えています。

2000年に1000万円を銀行に預けたとしても金利はわ

ずかなものでしたが、1000万円で金を買っていたら現在の評価額は1億7000万円になります。この数字を見れば、資産ポートフォリオに金を組み込む人が増えているのもうなずけます。

金を含めた代表的な「実物資産」の特徴は次のとおりです。

〈不動産〉

日本における実物資産の代表格が、土地や建物などの不動産です。日本人は現金や預金を好む傾向がありますが、それと同じくらい保有率が高いのが不動産です。

投資対象としてみた場合、家賃などのインカムゲインと売却益によるキャピタルゲインの両方が狙えること、売買にしろ賃貸にしろ一定の時間がかかることから価格変動が緩やかであること、自己資金にローンを組み合わせることでレバレッジをかけられることなどが特徴として挙げられます。

バブル崩壊後、土地離れがいわれましたが、アベノミクス以降、東京など都市部から地価の上昇が続いており、特に最近は首都圏のマンションが大きく値上がりしています。この10年で2倍になったケースも珍しくありません。

〈金〉

不動産以外の実物資産は「動産」と呼ばれ、動産の中で最も人気がある投資対象が「金」です。特にハイパーインフレや金融危機、戦争などが発生すると、市場価格が跳ね上がる傾向があります。

なお、金を資産として保有する場合、インゴット（延べ棒）が知られていますが、宝飾品やコインなどの形で所有するほか、商品先物やＥＴＦなどの金融商品もあります。

〈美術品〉

富裕層の間ではかねて「美術品」は鑑賞用だけでなく、資産としても愛されてきました。最近は絵画が人気ですが、資産としての美術品には彫刻や陶磁器、インテリアなどもあります。

ただ、資産として価値があるかどうか、将来にわたってその価値が維持されるかどうか判断するのは簡単ではありません。作品に合った保管場所も必要です。売ろうと思ってもすぐに売却できるとは限らず、趣味の延長線上としてならともかく、資産防衛にはあまり向かないと思います。


〈自動車／クラシックカー〉


車は中古になった途端に価格が大きく下がってしまいます。しかし、生産台数が少なかったり製造から数十年経ったりしている貴重な車種は値上がりすることがあります。

日本クラシックカー協会では、レースへの参加規定として「1975年までに生産された車（同型車に限り1979年まで）」をクラシックカーと定義しています。

ただし、資産価値を維持するには製造時の状態を保つ必要があり、そのほか保管スペースや税金の負担もあります。よほど車好きの人でなければ、ハードルの高い実物資産です。

〈高級腕時計〉

金額が数百万円からと比較的手ごろで、ファッションとして身につけることもでき、近年、若い富裕層の間で人気があります。中古市場が発達しており、買ってすぐに売却してもさほど大きく値崩れしません。小さいので保管場所に困らないのもメリットです。

一方、資産価値を維持するには適切なメンテナンスや付属品（箱、保証書など）を保管しておくことが欠かせません。

〈高級ワイン〉

富裕層のなかにはワイン愛好家が少なくありません。品質の良い高級ワインは時間とともに成熟し、コレクションとして楽しみつつ、自ら味わうこともできます。

ただ、保管には温度管理や地震への備えなどそれなりの維持費が掛かります。また、高級ワインのマーケットは小さく、売却しようとしても買い手がすぐに見つかるわけではありません。

〈アンティークコイン〉

その名のとおり古い時代のコインで希少性が高く、1枚数億円の値がつくこともあります。小ぶりで保管場所を取らず、いざというときはポケットに入れて持ち運ぶことも可能です。そのため昔から、ヨーロッパを中心に海外では富裕層の間で資産として定着しています。

ただし、年号が1年違うだけで価格が大きく変わったり、偽物が混じったりしていることも少なくありません。信頼できる業者を使うことが大切です。

これらのうち「動産」について、ダイヤモンドとピンクダイヤモンドを加えてその特徴を表にまとめました。参考にしてみてください。

代表的な動産の特徴

	自動車	アート作品	ワイン	高級時計	アンティークコイン	金	ダイヤモンド	ピンクダイヤモンド
購入時の税金（※消費税以外）	必要	不要	必要	不要	不要	不要	不要	不要
所有時の税金	必要	不要	不要	不要	不要	不要	不要	不要
品質劣化（メンテナンスの必要性）	あり	あり	あり	あり	あり	なし	なし	なし
保管場所	必要	必要	必要	場所を取らない	場所を取らない	量による	場所を取らない	場所を取らない
携帯性	なし	低い	低い	あり	量による	量による	容易	容易
流動性	あり	低い	低い	あり	あり	高い	あり	あり
1グラム当たりの資産価値	非常に低い	低い	低い	低い	やや高い	やや高い	高い	極めて高い

コラム

歴史を超えて育まれたユダヤ民族の資産防衛術

資産防衛にたけた民族として、ユダヤ人の話をよく聞きます。彼らは数千年という長い歴史のなかで繰り返し迫害を受けてきたため、どうすれば生き延び、資産を守ることができるかを考え続けてきました。

彼らの資産防衛の特徴の一つは、ポートフォリオの中心が不動産ではないということです。常に土地を奪われ、追い出されるリスクがあったユダヤ人にとって、「持ち運びやすさ（ポータビリティ）」は資産防衛において決定的に重要な条件でした。

ポータビリティという点からいえば、資産として信頼性の高い金（ゴールド）も十分とはいえません。今は購入後の保管まで含めたサービスを提供してくれる業者がありますが、戦争や紛争などで領土や主権を奪われてしまえば没収されてしまう可能性は否定できません。

ユダヤ人にとって資産防衛でもう一つ重要な条件は、世界中どこででも売れる（換金できる）ことでした。有事において必死の思いで持ち出したものが高く売れなければ意味がありません。

それには「どんなものに価値があるのか」「どんなものが高く売れるのか」ということを知っている必要があります。そのためにユダヤ人は時間もお金もかけますし、時には関連する技能を身につけたりもします。

例えばヨーロッパ中世において、ユダヤ人には「高利貸し」というイメージがありました。シェークスピアの戯曲『ヴェニスの商人』はそのイメージを踏まえたものです。

ユダヤ人が金貸し業を営んでいたのは、ローマカトリック教会の決定によって職業選択の自由を奪われ、当時のギルド（職人組合）に入ることができず、農業に従事することもできなかったためだといわれます。

金貸し業においては、しばしば金銀細工や宝石類を担保として受け取ります。その担保価値を見極めるため金貸し業を営むユダヤ人は金銀細工や宝石類の鑑識眼を身につけていき、その中にはダイヤモンドもあったはずです。

持ち運びやすさと換金性という点では、アンティークコインも選択肢となり得ます。ユダヤ人もおそらく利用してきたのではないかと思います。

少し前になりますが、２０１３年のニューヨークオークションにおいて、直径４㎝、重さ27ｇ（銀が90％、銅が10％）の「１７９４年フローイング・ヘア・ダラー」というコインが約１０００万ドル（当時のレートで約12億円）で落札されました。

たった一枚のコインになぜそれほどの価値があるのか疑問に思うかもしれませんが、このコインは合衆国連邦政府によって発行されたアメリカ最初の１ドル硬貨です。そうした歴史的背景やその価値を認める投資家が世界にどれくらいいるかなどを把握することで、確かな資産価値を確保できます。

資産防衛のためにはある意味、美的な鑑識眼や歴史の知識など無形の資産にまずは投資する必要があるのかもしれません。

第2章

実物資産としての「ダイヤモンド」

景気の影響を受けにくい確かな安定性——

マーケティングによって世界に普及したダイヤモンド

富裕層や超富裕層にとっての資産保全として、私がお勧めするのがダイヤモンドです。

欧米の富裕層、超富裕層の間では、ダイヤモンドはアンティークコインなどと並んで小さく軽量で持ち運びがしやすく、しかも資産価値が高いことから、資産防衛のための有力な投資対象となっています。資産防衛のための実物資産としてダイヤモンドを保有することは、欧米ではある意味、常識です。

しかし、日本では残念ながら、実物資産としてのダイヤモンドの有用性がまだまだ理解されていません。なぜなら、多くの日本人にとってダイヤモンドといえば「ダイヤモンドは永遠の輝き」「婚約指輪は給料の3カ月分」といったキャッチフレーズとともに思い浮かべる宝飾品（ジュエリー）だからです。ある種の贅沢品、つまり消費の対象なのです。

そうなった大きな理由は、ダイヤモンド業界の巧みなマーケティング戦略にあったと思います。

ダイヤモンドの婚約指輪を贈る習慣は、昔から日本にあったわけではありません。それはアメリカから持ち込まれました。

アメリカでも第二次世界大戦が終わった頃はまだ、ダイヤモンドはそれほど一般大衆にとってポピュラーな宝石ではありませんでした。そこでダイヤモンドを広く社会に浸透させようという狙いから、ダイヤモンド業界の盟主であったデビアス社が一大キャンペーンを開始します。1947年、「A Diamond is Forever（ダイヤモンドは永遠の輝き）」というキャッチコピーが登場したのです。

デビアス社は19世紀末頃からダイヤモンドの国際的なカルテルを構築し、自社の鉱山を一時閉鎖してでも第二次世界大戦が終わるまで、参加する鉱山で採掘されたダイヤモンド原石を原則、全量買い上げてストックしていました。原油などの国際的な資源カルテルは通常、生産量を調整しますが、小さくて軽量、経年劣化しないダイヤモンドは生産量ではなく販売量の調整が可能だったのです。「A Diamond is Forever（ダイヤモンドは永遠の輝き）」という鮮烈なキャッチコピーとともに、ハリウッドの映画スターたちが婚約を発表する際にダイヤモンドの指輪をプレゼントするなどさまざまな手法が駆使され、ダイヤモンドの認知度はアメリカで急速に高まっていきました。

こうしたマーケティングはアメリカだけでなく世界中で展開され、日本でも１９７０年代から１９８０年代にかけ婚約指輪のＣＭをよく目にするようになりました。

日本で最もダイヤモンドが売れたのは１９８０年代後半から１９９０年代前半です。ステータスのあるジュエリーとして認知されたからですが、それはあくまで少し背伸びすれば誰でも手が届く身近な贅沢品としてのことでした。

そのためバブル崩壊後、景気低迷に加え、さまざまなプチ贅沢品が増えるとともにジュエリーとしてのダイヤモンドの売上は減っていきました。

ダイヤモンドの価値を支える物質としての特性

重要なのは、消費のためのダイヤモンドと資産防衛のためのダイヤモンドは別ジャンルのものだということです。

そもそも確かな資産性を有するダイヤモンドは、基本的には「ルース（裸石）」に限られます。地中から掘り出された状態の石が「原石」で、原石にカットや研磨などの加工を施し、独特の輝きを放つようになったものが「ルース」です。これに対し、指輪やネックレスなどに研磨済みのダイヤモンドを組み込んだジュエリー（宝飾品）は、デザイン料やブランド料が上乗せされており、資産性の点では不利です。資産防衛としてのダイヤモンド投資では、ここをまずきちんと区別しておく必要があります。

そのうえで、金やアンティークコインなどと並んでダイヤモンドが選ばれているのには確かな根拠があることを理解しておいていただきたいと思います。

ダイヤモンドと黒鉛（グラファイト）の結晶構造

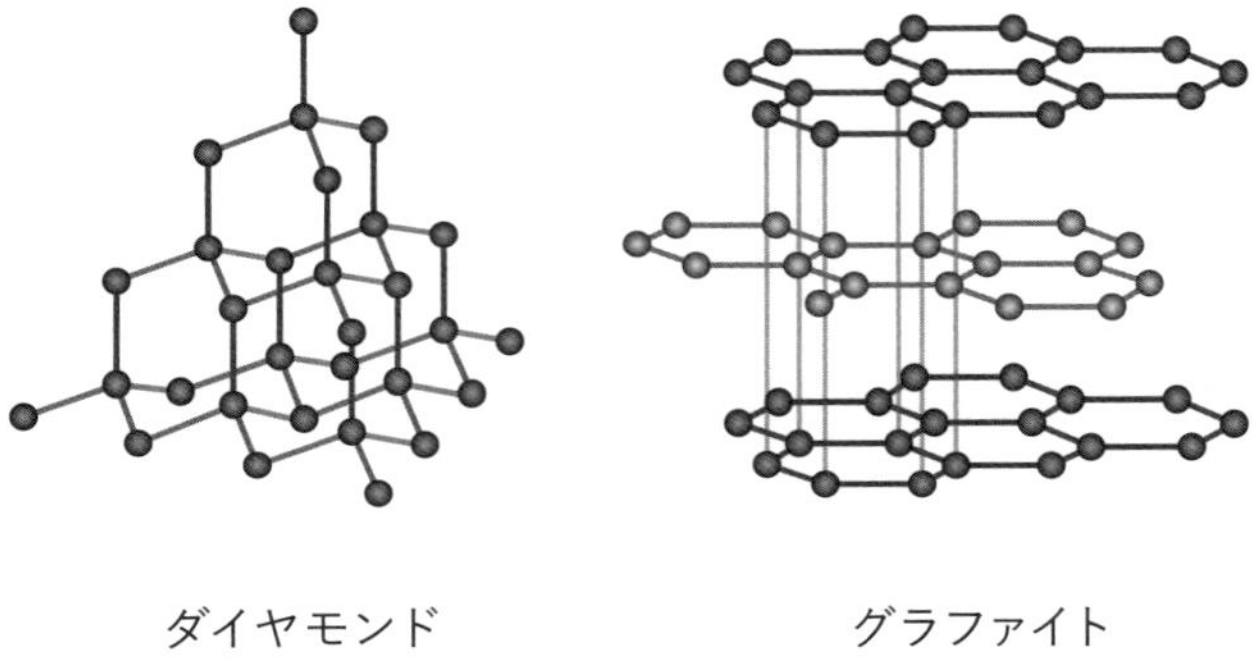

KEKニュース記事を基に著者作成

まず、ダイヤモンドはこの世の鉱物で最も硬く、また多くの貴金属のように錆《さ》びたり変質したりすることがありません。適切に管理・保管すれば、100年後も200年後も美しい状態のままです。この特性は名前の由来にも表れています。古代ギリシャ語の「アダマス（征服できない、何にも屈しない）」が語源とされ、古くは不屈の精神や魔よけの石として重宝されてきました。

ダイヤモンドは高温高圧状態の地球深部で炭素原子が結びついて

生まれました。炭素原子が結びついた物質としては、鉛筆の芯などに使われる黒鉛（グラファイト）などもありますが、ダイヤモンドとは結晶構造がまったく違います。

黒鉛（グラファイト）は炭素原子が平面的には強くつながっているものの、上下には弱い力で層状に積み重なった構造をしています。層どうしは簡単にはがれ、鉛筆で黒い線が描けるのはそのためです。一方、ダイヤモンドは炭素原子が強い力で立方格子状に結合しており、簡単に変形したり炭素原子が分離したりしません。そのため自然界に存在する物質の中では最も硬いのです。

ダイヤモンドの価値を支える物質的な特性（長所）は次のとおりです。

〈硬度〉

表面のひっかきなどに対する強度を表すのが「モース硬度」です。ダイヤモンドのモース硬度は「10」で、地球上に存在する物質の中で最も高く、ダイヤモンドを研磨できるのはダイヤモンドだけといわれます。

〈耐薬品性〉

ダイヤモンドは炭素原子の結晶構造が堅固であり、酸やアルカリの溶液に触れても変化が起きず、高い耐薬品性を持っています。

〈屈折率〉

物質によって内部で光が進む速度は異なります。そのため、物質の境界では光が屈折します。特に、真空中と比較した光が進む速度の違いが「屈折率」で、屈折率が高いほど光が大きく曲がります。

ダイヤモンドは結晶の対称性が高く、この屈折率が2・417と宝石のなかでは極めて高い部類に入ります。

〈臨界角〉

物質の境界において光がすべて反射される限界角度が「臨界角」です。臨界角が小さいほど物質内部で反射される光が多くなり、また反射される領域が広くなります。

この点、ダイヤモンドは臨界角が約25度と小さく、「屈折率」が高いこととあいまって、ダイヤモンド独特のまばゆい輝きを生み出します。

〈分散度〉

白色光が物質の内部で屈折反射してさまざまな色の光（波長）に分解されることを「分散」といいます。三角形のプリズムで七色が映し出される原理です。

ダイヤモンドの分散度は０・０４４と宝石のなかではかなり高く、ファイアと呼ばれる鮮やかな虹色の輝きを生み出します。この輝きを最大限引き出すには、カットの方法が重要になります。

長所の一方で、ダイヤモンドには次のような弱点（物質的な特性として注意すべき点）もあります。

〈劈開性《へきかい》〉

劈開とは、鉱物がある特定方向へ割れやすい性質のことです。

ダイヤモンドは結晶化した際の方位によって硬度に差があり、ダイヤモンドをカットする際にはこの性質を利用しています。

〈靭性《じん》〉

靭性とは、落下や衝撃に対する強さのことで、引っ掻きに対する強さ（モース硬度）とは別の概念です。

ダイヤモンドの靭性はそれほど高くありません。ルビー、サファイヤより低く、石英やアクアマリンと同じです。そのためハンマーで叩いたり、硬い床に落としたりすると割れることがあり注意が必要です。

〈親油性〉

ダイヤモンドの表面には疎水性と親油性があります。ダイヤモンドは水をはじく一方、油やグリース、皮膚の脂などが付きやすく、曇りの原因になったりすることがあります。

〈熱安定性〉

ダイヤモンドは炭素原子でできており、空気中で７００℃以上に熱せられると酸化して表面から黒く焦げます。表面が焦げただけなら研磨すれば元の輝きが戻りますが、さらに高温になると全体が炭となり、最後は二酸化炭素になって消滅してしまいます。

火災はダイヤモンドの大敵です。

「バージンダイヤモンド」と「還流ダイヤモンド」

鉱山で新たに採掘された原石から切り出され、研磨されたダイヤモンドは「バージンダイヤモンド」と呼ばれます。

それに対し、いったん世に出て宝飾店や買取業者、質店などの手を経た古いデザインの指輪やネックレスから外したダイヤモンドの石（ルース）は「還流ダイヤモンド」と呼ばれます。

両者の価値は基本的に同じです。「還流ダイヤモンド」の価値が「バージンダイヤモンド」と変わらないのは、ダイヤモンドの硬度が高く、適切に扱えば変色や腐食、経年劣化の心配がないからです。

こうした特徴は「金」に似ています。金も新品か中古かという区別がありません。世の中に流通している金はインゴット、コイン、宝飾品などどんな形をしていても、加熱して溶かせばすべて同じ金属であり、オンスやグラムといった単位重量当たり同じ価格で取引されます。

一方、実物資産には中古になると市場価格が下がるものがあります。不動産の建物がそうです。あるいは、時間が経つと劣化したり、傷がついたりしやすいものもあります。例えば、自動車や美術品、ビンテージワインなどがそうです。元の状態を維持するためにはそれなりの環境とメンテナンス、そして費用が必要です。

小さくて持ち運びしやすく保管や管理も容易

実物資産としてのダイヤモンドが持つ大きな特徴が、小さくて持ち運びしやすいという携帯性です。1億円の紙幣はアタッシェケース一つ分で、重さが約10kgです。金であれば1g1万7000円（本書執筆時点）として約6kgになります。紙幣や金塊を自宅で保有される人もいると思いますが、万が一の際、鞄やポケットに入れて持ち運ぶというわけにはいきません。

その点、ダイヤモンドは1カラット（0・2g）で100万円以上することが珍しくなく、希少なピンクダイヤモンドともなると1カラットで1億円を超えることもあります。

これは、戦争や大災害などの有事において大きなメリットを発揮します。特に権威ある鑑定書があれば、海外でも換金することが容易です。アンティークコインは別として、ほかの動産に対してダイヤモンドが決定的に有利な点です。

どんどん減っていくダイヤモンド鉱山

ダイヤモンドに高い価値を与え続けているのは、物質特性や持ち運びやすさ（ポータビリティ）だけでなく、希少性にも理由があります。

そもそも、ダイヤモンドは昔から珍しい鉱物とされてきました。今ではブラジルやアフリカ、ロシア、カナダ、オーストラリアなどでも採掘されていますが、かつてはインドでしか見つかりませんでした。そのため仏陀の遺骨（仏舎利）の代わりとして扱われ、中国や日本に伝わり、法隆寺五重塔の基礎にはダイヤモンドの原石（金剛石）が納められているという説があります。

また、ダイヤモンド鉱山といっても大量の鉱石や土砂の中からごくわずかな原石しか発見されません。優良な鉱山でも、鉱石1トン当たりから回収できるダイヤモンド原石は平均3・5カラット（0・7g）程度といわれます。さらにその多くは工業用の品質しかなく、宝石用になるのは1〜2割程度です。

加えて、現在の技術でダイヤモンドを発掘できるのは地下12㎞ほどまでとされ、閉山するダイヤモンド鉱山が年々、増えています。新たなダイヤモンド鉱山は２０１６年のカナダのガーチョ・キュー鉱山が最後です。

アメリカのFrost & Sullivan社のデータによると、２０１５年までのダイヤモンド産出量で上位34の鉱山中、２０３０年時点で残っているのは半分の17になりそうです。さらに２０５０年にはその数が8まで減少する可能性があるといいます。

右肩上がりが続いてきたダイヤモンドの市場価格

　ダイヤモンドの市場価格は経済や社会の状況に左右されず、過去60年間ほとんど右肩上がりで推移してきました。

　世界最大のダイヤモンドセンターがあるベルギーの企業、ＡＪＥＤＩＡＭが公表している１９６０年から２０１４年までのダイヤモンド（１カラット、ＦＬクラリティ、トリプルエクセレント）の取引価格の推移によると、１９６０年から２０１４年までに価格は10倍以上になっていますが、調整しているタイミングもあります。例えば、２００８年に起こったリーマンショックの影響を受け、２００９年に少し値下がりしました。このときダイヤモンド加工業で世界最大のインドでは、小規模な工場が２０００カ所も潰れたといわれています。

　しかし、２０１０年になるとダイヤモンドの価格は上昇傾向に戻りました。むしろ、世界最大のダイヤモンド消費国であるアメリカだけでなく、中国やインドをはじめとする新興国の需要も高まり、右肩上がりの軌道に戻りました。

２０１５年以降もダイヤモンドの取引価格は緩やかに上昇を続けました。２０２０年からのコロナ禍でやや下落したものの、２０２３年には経済活動の再開でまたおおむね上昇傾向に戻りました。

ダイヤモンドを客観的に評価する「４Ｃ」

ダイヤモンドの安定した資産価値と市場価格については、もう一つ重要な要素があります。それは、客観的な評価基準が確立されていることです。

ダイヤモンドを含めて実物資産は、金など貴金属を除けば一つひとつ個性があり、価値が異なります。そのため目利きが重要になり、取引も簡単ではありません。

ところがダイヤモンドには世界中で通用する客観的な評価基準があり、安心して取引ができるようになっています。

それが、１９５３年にアメリカのＧＩＡ（米国宝石学会）が定めたカラット(carat)、カラー（color)、カット(cut)、クラリティ（clarity）からなる「４Ｃ」です。

それまでダイヤモンドに関して重さ以外に統一された明確な基準はなく、宝石業界では一貫性のない多種多様な用語をダイヤモンドの評価に使っていました。そうした状況を変え、ダイヤモンドの価値を誰にでも分かるようにするため「4C」ができたのです。現在、4Cはダイヤモンドの統一された評価基準として世界中で使用されています。

「4C」についてより詳しく説明しておきます。

カラット

カラットは重さの単位で、1カラットが0・2gに当たります。1カラットは100ポイントに分割され、50ポイントのダイヤモンドは0・5カラット（0・1g）と表示されます。

計測にあたってはマイクロ電子天秤を使って小数第5位、つまり10万分の1カラットまで求めますが、実際の取引では小数点以下2桁、つまり100分の1カラットまで表示されます。数学の切り上げには厳しいルールがあり、1000分の1の位の最後の桁が「9」のときにのみ切り上げます。例えば、1・128カラットのダイヤモンドは1・12カラットと表示され、1・129カラットが1・13カラットとなります。100分の1の位で端数処理された重量はレポート（鑑定書）に記録されます。

ダイヤモンドを含め、宝石の重量はこのように「カラット」で表示されるのが世界標準になっています。日本語では同じ「カラット」ですが、18Kゴールドなどの金の純度を指すカラット（karat）は意味が違います。

カラー

透明なイメージがあるダイヤモンドですが、結晶化の過程で炭素のごく一部がほかの元素に置き換わったりすることで微妙に色味が変化します。特に天然ダイヤモンドはほとんどが微量の窒素を含み、黄色がかっています。

そこで「4C」ではアルファベットの「D」から「Z」まで23段階のカラーグレードで細かく評価します。無色透明に近ければ近いほどDに、逆に黄色を帯びているとZに近い評価となります。

なお、天然ダイヤモンドのなかにはごく少数（全体の0・01〜0・02%程度）、Dから Zの色味に入らない鮮やかなカラーのダイヤモンドがあります。ピンクダイヤモンドを含めてこれらは「ファンシーカラーダイヤモンド」と呼ばれ、別のカラーグレードによって評価されます。

カット

ダイヤモンド独特の輝きを生み出すのが「カット」です。

ダイヤモンドの採掘は紀元前500年頃のインドで始まったとされますが、長い間ダイヤモンドはその硬さに注目が集まり、輝きはそれほど気にされていませんでした。ヨーロッパの中世でもまだ今のようなカット技術はなく、ダイヤモンドの評価はルビーやエメラルド、真珠より低かったといわれます。

その後、カットの技術が発達したことで、ダイヤモンドは宝石の頂点に立つようになりました。現在、ダイヤモンドの輝きを最大限に引き出すカットとして広く採用されているのが「ラウンドブリリアント・カット」です。

これは、ダイヤモンドの光の屈折率や反射（臨界角）を数学的に計算し、いちばん美しく輝くカットの角度やプロポーションを追求したものです。正面から見て最も張り出した外周部（ガードル）を境に、上部（クラウン）に33面、下部（パビリオン）に25面、合計58面の三角形または洋凧形のカット（ファセット）から構成されます。

「4C」ではこの「ラウンドブリリアント・カット」を対象に、カットの状態を7つの要素で評価します。

まず、輝き（光の反射）、ファイア（光の分散）、シンチレーション（光のパターン）という光との相互作用に関する3要素があります。そこに、重量比率（直径と重量の比率）、耐久性（ガードルの厚さ）、シンメトリー（ファセットの対称な配置）、ポリッシュ（ファセット表面の研磨状態）の4要素が加わります。

全体的なカットの品質にこれらの要素がどの程度影響しているか考慮しながら個別に評価し、さらにそれらを総合して「エクセレント」「ベリーグッド」「グッド」「フェア」「プア」の5段階で評価します。

ダイヤモンドのクラリティ（透明度）

FL	IF	VVS_1	VVS_2	VS_1	VS_2	SI_1	SI_2	I_1	I_2	I_3
無傷	ほぼ無傷	ごくごくわずかな内包物		ごくわずかな内包物		わずかな内包物		内包物		

クラリティ

「クラリティ（Clarity）」とは一般には「透明度」のことで、「4C」においては内部にみられる小さな内包物（インクルージョン）と表面の傷（ブレミッシュ）が対象となります。

内部のインクルージョンは、地球の深部で長い時間をかけてダイヤモンドの結晶化が進む際、周囲の温度や圧力の変化によって、ほかの鉱物などが混入することで生じます。

表面のブレミッシュは、結晶面の残りや研磨の際に生じた傷で、その多くは軽く再研磨すると取り除ける場合が多く、あまり影響はないとされます。

「4C」の評価では、10倍の倍率でインクルージョンとブレミッシュを調べ、その大きさや性質、位置、色、形、量などをチェックします。クラリティのグレードには６つのカテゴリーがあり、さらにいくつかは細分化され、合計で11段階になります。

一般に、Ｉクラス以下は輝きや耐久性に影響がありますが、ＳＩクラス以上であればさほど影響はありません。逆にＦＬクラスは非常に希少価値が高く、ほとんど市場に流通していません。ＩＦクラスであれば実質上、最高品質のグレードです。

世界的な価格基準「ラパポート・ダイヤモンド・レポート」

ダイヤモンドは個別性が高い実物資産ではありますが、「4C」という世界のどこでも通用する客観的な評価基準があります。

さらに、こうした取引の透明性の高さをベースに、世界的な価格の基準もあります。それが「ラパポート・ダイヤモンド・レポート」です。

ラパポートはデビアスグループが中心となって1976年に創設されたマーケットプレイス（民間の取引市場）で、今では104カ国、1万社以上の宝石関連業者が参加しています。ラパポートでは、世界各地のダイヤモンドの需給状況を調べ、ダイヤモンドの大きさや品質ごとに1カラット換算の業者間の取引価格を毎週公表しています。それが「ラパポート・ダイヤモンド・レポート」です。

このレポートは、世界中のダイヤモンドを取り扱う業者にとって取引価格に関する基準となっており、そのことがダイヤモンドの価格の安定性につながっているのです。

日本でもダイヤモンドを取り扱う卸問屋などは必ずこのレポートで示された金額を参考にして業者間の取引価格を決めています。

ただし、「ラパポート・ダイヤモンド・レポート」の価格はドル建てであり、日本国内ではドル円の為替相場の動きが影響します。円安が進むとダイヤモンドの価格は上昇し、円高になると価格は下がります。

今後は希少性によるさらなる二極化に要注意

ダイヤモンドは物質的な特性や希少性ゆえに、景気の影響を受けにくく、持ち運びやすさから有事に強く、さらに保管や管理しやすいといったメリットを備えた実物資産です。また、「4C」という国際的な評価基準や「ラパポート・ダイヤモンド・レポート」という取引価格の目安もあり、実物資産のなかでも金などと並び資産価値や価格の透明性が確保されています。

しかし、ここにきて気になる動きもあります。それは、市場価格の下落です。ラパポートのレポートによると、2022年以降天然ダイヤモンドの価格は下落しています。

ただし、注意しなければならないのは、どんなダイヤモンドでも同じように下落しているわけではない点です。大きく下落しているのは無色で1カラット未満のラウンドブリリアント・カット、つまりこれまで婚約指輪や結婚指輪としての需要が多かったタイプです。

その背景には、世界的に若い世代がこれまでのようにダイヤモンドの婚約指輪や結婚指輪を求めなくなったこと、あるいはダイヤモンドの指輪を求めるとしてもよりリーズナブルで環境にも優しい合成ダイヤモンド（ラボグロウンダイヤモンド）を好むようになっていることがあるようです。

つまり、ダイヤモンド市場において、ある種の嗜好品として消費されるものと、希少性から資産価値が認められるものの格差が一段と広がっているといえます。

同じような現象は、貴金属の市場においても見られます。

金（ゴールド）の価格は国内外で最高値を更新しているだけでなく、中長期的にみると銀（シルバー）や白金（プラチナ）より大きく値上がりしています。もともと貴金属の相場は連動しやすいのですが、金と銀・白金の価格差が拡大しているのです。

大きな要因は、各国の中央銀行による積極的な購入だといわれます。新興国が特に、米ドルに代わって自国通貨の裏付け資産として金の保有を増やしています。

それに対し、銀や白金は外貨準備に用いられることはなく、産業用途が中心であるためむしろ景気の影響を受けやすくなっています。

実物資産においてはこのように、市場ニーズの変化によって希少性に違いが生じ、価格差が広がってきているのは注目される動きです。資産防衛のためダイヤモンド投資を検討するうえでも、これまで以上に希少性についての市場動向や背景に十分、目配りする必要があると思います。

合成ダイヤモンドと天然ダイヤモンドは別もの

合成ダイヤモンドは人工ダイヤモンド、ラボグロウンダイヤモンド、ラボクリエイテッドダイヤモンドなどとも呼ばれていますが、要するに研究所や工場で人工的に作られているダイヤモンドです。

そもそもダイヤモンドは地球内部の高温高圧の環境で生まれた炭素の結晶体です。科学技術で同じような環境を作ることができれば人工的にダイヤモンドは作れます。

合成ダイヤモンドを生成する方法は主に2つあります。

1つは「ＨＰＨＴ法」(High-Pressure High-Temperature／高圧高温法)で、炭素を含んだ金属の溶媒に高圧高温をかけダイヤモンドの結晶を育てます。天然のダイヤモンドが地中で形成される条件を再現したものです。

もう1つは「CVD法」（Chemical Vapor Deposition／化学気相成長法・化学蒸着法）です。真空装置内に炭素を含むガスを注入し、小さなダイヤモンド種結晶に付着させて大きくしていく方法です。

これらの方法により、数週間から数カ月で人工的にダイヤモンドが作り出せます。天然のダイヤモンドが地中の奥底で何億年という年月をかけて生み出されるのと比べたら、本当にわずかな時間です。

合成ダイヤモンドの生成は、1950年代にアメリカのゼネラル・エレクトリック社がHPHT法により世界で初めて成功しました。当初は工業用の品質しかありませんでしたが、1970年代に宝石品質の合成ダイヤモンドができるようになり、1980年代になるとジュエリー用として商業生産が始まりました。さらに品質面でも、小粒で黄色や茶色を帯びていたものが改善されていきました。

2000年代になると、より短い期間でコストを抑えることができる「CVD法」でも宝石品質の合成ダイヤモンドが作られるようになりました。

天然ダイヤモンドと合成ダイヤモンドの結晶成長パターン

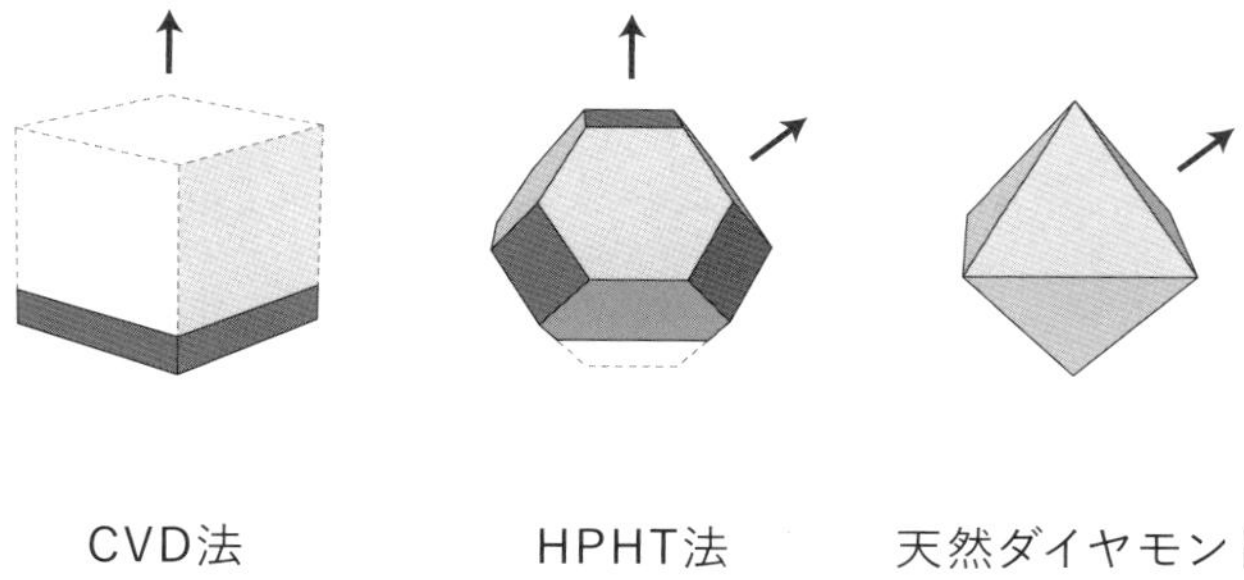

GIA 人工ダイヤモンドに関する記事を基に著者作成

２０１０年代半ば以降は無色透明の合成ダイヤモンドだけでなく、着色した合成ダイヤモンドも市場に出回るようになっています。

現在の合成ダイヤモンドは、肉眼では天然ダイヤモンドと区別がつかないほどの品質に達しています。しかし、まったく見分けがつかないわけではなく、さまざまな検査装置で調べれば識別は十分に可能です。例えば、天然ダイヤモンドと合成ダイヤモンドでは結晶の成長の仕方が異なり、その痕跡がいろいろ残っているからです。

ＧＩＡでは合成ダイヤモンドの鑑定書も発行しています。天然ダイヤモンドと同じグレーディングプロセスによって石を評価し、透明にしたり着色したりするために施された処理についての検査も行っています。

よくメディアなどで、「ＧＩＡが合成ダイヤモンドの鑑定書を発行している」↓「世界的な鑑定機関が合成ダイヤモンドを認めている」↓「合成ダイヤモンドが天然ダイヤモンドに取って代わる」といったロジックを見かけますが、これは間違いです。

ＧＩＡは、合成ダイヤモンドが普及して天然ダイヤモンドのマーケットに混乱が生じることを未然に防ぐため、抑止力として合成ダイヤモンドのレポートを提供することが世界的鑑定機関の務めであるといった趣旨のアナウンスをしています。ＧＩＡは消費者保護のための措置も講じていて、合成ダイヤモンドと鑑定した場合、ガードル部分（上部と下部の境目）にラボで製造されたことを示す文字をレーザーで刻印しています。

ただ、逆説的にとらえれば、将来的に合成ダイヤモンドの人気が高まることを予想しているともいえます。確かに合成ダイヤモンドは天然ダイヤモンドに比べるとリーズナブルなのでユーザーが手を出しやすく、普及しやすいという面はあります。

実際､有名ブランドも合成ダイヤモンドを使ったジュエリーを販売しています。また、ダイヤモンド業界のアナリストも、合成ダイヤモンドの売上が急成長するだろうと予測しています。

生成しやすい合成ダイヤモンドは供給が容易であり、今後もダイヤモンド市場でのシェアが高まると予想されます。一方、合成ダイヤモンドが増えてくればその価値は下がり、市場価格も低下していくというのが通説です。実際、2019年から2023年までの5年間で合成ダイヤモンド1カラット当たりの価格は90％近く下落したという分析もあります。

つまり、ダイヤモンド市場のなかで、天然ダイヤモンドと合成ダイヤモンドはまったく別ものであり、すみ分けが進んでいるのです。
今後、天然ダイヤモンドの採掘量が減っていけば、天然ダイヤモンドの希少価値は自ずと上昇していきます。そのため資産防衛という観点から見れば天然ダイヤモンドを買うべきであるという結論になります。

なお、「トリーテッドダイヤモンド」と呼ばれるダイヤモンドもあります。少しややこしいのですが、石自体は天然ダイヤモンドでありながら、人工的に色を加工してカラーダイヤモンドなどにアレンジしたものです。放射線照射や高温高圧の処置をして、無色をピンクやブルーに変えたり、ブラウンを無色透明にしたりするのです（合成ダイヤモンドでも行われています）。また、レーザーで穴を開けてインクルージョン（内包物）を焼き切る処置や、表面に達している傷に液体鉛を含浸させて目立たないようにする処理、コーティングによる表面処理など、いろいろな改変・改善方法があります。

一般的に、こうした処理が施されたトリーテッドダイヤモンドも専用装置で分析でき、処理を加えられていない天然ダイヤモンドとは区別されます。鑑定書にも処理方法が記され、定義上は「天然石」ではなくなります。そもそも低品質のダイヤモンドだからこそ処理を施すのであり、資産価値は当然、低くなります。

資産として考えると、グレードの高い天然のダイヤモンドを選ぶのが賢明です。

ダイヤモンドはいつ、どこで生まれ、どうやって運ばれたのか

ダイヤモンドは鉱物の一種であり、地球内部で生まれたものですが、地球内部のどこで、いつ生まれ、どうやって地表まで運ばれたのかについてはいまだに多くの謎があります。

「どこで」という点についてはこれまでの研究で、地下150㎞から200㎞ほどの深さ（マントルの上部）が有力視されています。

根拠の一つは、高温高圧で人工的にダイヤモンドを合成するHPHT法の場合、800〜1400℃と5〜6GPa（ギガパスカル）が適しているからです。この温度と圧力が存在するのが地下150㎞から200㎞あたりなのです。

もう一つの根拠は、ダイヤモンドの結晶に内包されている微少な鉱物の分析からです。それらの化学組成などを分析することで、やはり地下150㎞から

200kmあたりが有力視されています。

ただし、ダイヤモンドによってはより深く400km以上の深部で生まれたのではないかという研究発表も出てきており、まだまだ謎が残っています。

「いつ」という点についてもはっきりした証拠はありません。

地球が誕生したのは46億年前とされ、それから20億年を経た頃、今から26億年前くらいから数億年以上の時間をかけてゆっくりと結晶化したのではないかと考えられています。いずれにしろ、地球の奥深い地底で、非常に高い温度と圧力のもと、気の遠くなるくらい長い時間をかけて徐々に大きくなったのです。

さらに重要なのが、地球の奥深くで生まれたダイヤモンドが「どうやって」地表にまで運ばれたのかということです。

これについてもかつてはよく分かっていませんでした。ダイヤモンドが発見される場所は地球上でも限られ、またバラバラだったからです。しかし、20世紀になってそのプロセスがかなり明確になってきました。

「キンバーライト・マグマ」と名付けられた特殊なマグマが地下の深いところ（おそらく300km以上の深部）から高速で上昇し、その途中でダイヤモンドを含む岩石を巻き込んで運んできたというのが現在の定説です。

このプロセスには2つのポイントがあります。

1つは、ダイヤモンドが結晶化したのは一般的なマグマができる深さより深いところであったということです。

高温高圧の環境下で結晶化したダイヤモンドは、ゆっくりと地表まで運ばれると途中で黒鉛（グラファイト）に変化してしまいます。その点、「キンバーライト・マグマ」は地下300km以上のところから地表まで数時間から10時間程度で一気に上昇したと考えられています。天然ダイヤモンドはこの点でも「キンバーライト・マグマ」でなければ地表まで運べなかったのです。

その証拠に現在、天然ダイヤモンドのほとんどが「キンバーライト・マグマ」が噴出した跡にあるダイヤモンド鉱山から採掘されています。「キンバーライト・マグマ」が噴出した跡は今では平らになっていますが、地下は漏斗状（先細りのパイプ状）になっており、「キンバーライト・パイプ」と呼ばれ、そこを掘っているのです。

ただし、世界中ではこれまで数千のキンバーライト・パイプが発見されてきましたが、そのうち価値のあるダイヤモンド鉱脈を含むのはほんの数十カ所しかありません。

そうしたダイヤモンド鉱山は、アフリカ、シベリア、ブラジル、オーストラリア、カナダなど世界中に散らばっており、共通するのは太古に存在した巨大な大陸プレートの中央部だった場所にあるという点です。

ほぼ唯一の例外が次に紹介するオーストラリアのアーガイル鉱山です。アーガイル鉱山は太古に存在した巨大な大陸プレートの端のほうに位置しており、また「ランプロアイト・マグマ」と呼ばれる別のタイプのマグマの噴出跡からダイヤモンドが採掘されています。これがアーガイル産ピンクダイヤモンドの際立った個性と希少性に関連しているのではないかと考えられています。

コラム

オーストラリアのアーガイル鉱山

オーストラリアには6つの州がありますが、そのなかの一つである西オーストラリア州の北部全域を占めるキンバリー（Kimberley）地域にアーガイル鉱山があります。

キンバリー地域は日本の本州の3倍以上の面積ながら、人口はわずか4万人足らず。アウトバックと呼ばれるオーストラリア内陸部の砂漠を中心とした広大な原生エリアに含まれ、世界最後の秘境の一つとされます。現地にはさまざまな野生動物が生息し、壮大な渓谷、天然の泉、牧場などがありアドベンチャーツアーなどが人気です。

このキンバリー地域東部のアーガイルにおいてダイヤモンドが初めて発見されたのは1979年のこと。その後、アーガイル鉱山として

１９８３年から採掘が始まりました。鉱山の広さは約３００ha、東京ドーム約64個分にあたります。

ただ、アーガイル鉱山はもともと鉄鉱石やウランなどが主力の鉱山で、ダイヤモンドも当初は低品質の工業用しか産出していませんでした。しかし、低品質のダイヤモンドのなかに、ファンシーカラーと呼ばれる希少な色をもつダイヤモンドが含まれることが分かって状況は一変。世界を代表するダイヤモンド鉱山として注目を集め、２００４年にはダイヤモンドの年間生産量で世界一になったこともあります。

アーガイル鉱山で採掘されるダイヤモンド原石のなかで宝石クオリティは約５％に過ぎません。そのうちブラウンが約半数を占め、そのほか無色やグレイ、イエローなどがあるなかで、ピンクは１％です。アーガイル鉱山で採掘されるダイヤモンド原石全体のなかで、ピンクダイヤモンドの原石はわずか０・05％ということになります。それにもかかわらず、これまで世界中で採掘されたピンクダイヤモンドの90％以上がアーガイル産なのです。

２０２０年、アーガイル鉱山は資源の枯渇により惜しまれながら閉山しました。その後約5年かけて鉱山の解体、埋め戻し、植生の復活などを行い採掘前の自然環境に戻すことになっています。

第3章

市場への流通量が限られたダイヤモンド界の最高峰
最強の資産保全先
「アーガイル産ピンクダイヤモンド」とは

ピンクダイヤモンドの9割を占めたアーガイル鉱山

オーストラリア北西部のキンバリー地域に位置するアーガイル鉱山でダイヤモンドが発見されたのは1979年のことです。この地域でダイヤモンドが見つかるのではないかと考えていた地質学者たちのグループがアリ塚の中に光るものを発見したのがきっかけといわれます。

その後、1983年に世界的な鉱業会社であるリオ・ティント社のもとで操業を開始したアーガイル鉱山は世界のダイヤモンド産出量の約20%を供給するようになり、またピンクダイヤモンドについては90%以上を占めるまでになりました。

東京ドーム約64個分の敷地において当初は露天掘りしており、産出量が減ってきたため2014年からは地下採掘に切り替えました。それでも年々、採掘量は減り続け、ついに2020年11月に閉山したのです。

ピンクダイヤモンド原産地の国別シェア

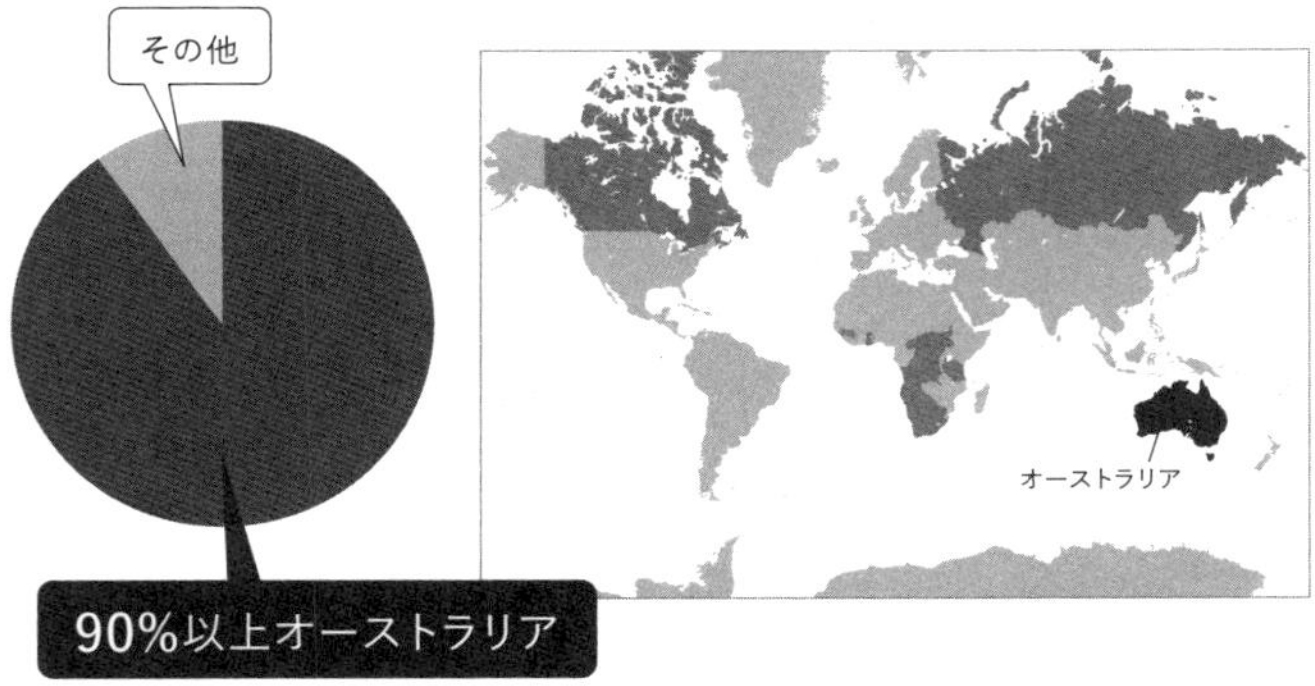

世界のピンクダイヤモンドの生産量**90%**以上は、
西オーストラリア州の**アーガイル鉱山**から産出されていた。

今後、アーガイル鉱山に匹敵する鉱床が発見される可能性はゼロではありませんが、本書の執筆時点では、アーガイル産ピンクダイヤモンドのような美しいピンクダイヤモンドを産出する鉱山は見つかっていません。

ピンクダイヤモンドはこれまで、さまざまな地域の鉱山でも採掘されてきました。しかし、その多くは発色が弱く、美しさに欠けるといわれます。

それに対して、アーガイル鉱山で採掘されたピンクダイヤモンドは鮮やかなピンク色を持っています。

その違いの要因となっているのが、ダイヤモンドの結晶タイプの違いです。

ダイヤモンドは結晶構造の微妙な違いによって、窒素原子を比較的多く含む「I型」と窒素原子をほとんど含まない「II型」に分けられます。さらに「I型」には、窒素原子がある程度まとまって存在する「Ia型」と、窒素原子がばらばらに存在する「Ib型」があります。「II型」は、ほぼ炭素原子のみの「IIa型」と、ホウ素が含まれる「IIb型」に分けられます。

アーガイル産ピンクダイヤモンドはこれらの分類のうち、窒素原子がある程度まとまって存在する「Ia型」です。ほかの鉱山で採掘されたピンクダイヤモンドの多くは窒素をほとんど含まない「IIa型」のため、淡い色合いのものが多いとされます。

鮮やかな発色で目を引く美しさを放つピンクダイヤモンドを継続的に採掘できる鉱山は、これまでアーガイル鉱山のほかには見つかっていません。

ダイヤモンドのなかでも希少な「ファンシーカラーダイヤモンド」

ピンクダイヤモンドをはじめ、鮮やかな色合いを特徴とするのが「ファンシーカラーダイヤモンド」です。無色透明から薄い黄色がかった一般的なダイヤモンドとの大きな違いは、採掘される天然ダイヤモンド全体のわずか０・01％程度しか見つからないとされる希少性です。そのため、一般的なダイヤモンドとは市場がまったく異なります。

ＧＩＡが定める「４Ｃ」の「カラー」において、一般的なダイヤモンドはＤからＺのカラーグレードを用い、色味が強いほど評価が下がります。また、「カット」においては明るさやファイアなどが重視されます。

一方、「ファンシーカラーダイヤモンド」は色味が薄いと評価は低く、色味が強く鮮やかなほど評価が高くなります。そのため、明るさやファイアを左右する

「カット」については「4C」全体としての評価のなかで相対的に比重が低くなります。

「ファンシーカラーダイヤモンド」がどのようにして生まれるのかについては、科学的な分析でかなり分かってきています。基本的には炭素原子どうしが結びついた結晶に炭素とは別の元素が入り込んだり、外部からの圧力で結晶構造にゆがみが生じたりしたためとされますが、まだ謎に包まれている部分が少なくありません。

カラーごとの発色の主な要因は次のとおりです。

イエロー

鮮やかな「ファンシーカラー」のイエローだけでなく、一般的なDからZのカラーグレードの対象であるダイヤモンドにおいても、黄色になるのは結晶中の炭素原子の一部が窒素原子に置き換わったことによります。

窒素原子は波長の短い光（青や紫）を吸収する性質があるため、黄色がかって見えるのです。窒素原子が固まって存在するか（Ⅰa型）、1個ずつばらばらに存在するか（Ⅰb型）で黄色の色調が変わってきます。

ブラウン

イエローと同じく、炭素原子と窒素原子の置換によって発色します。ただ、一部は結晶構造のゆがみによるものもあると考えられています。

オレンジ

イエローとレッドが混じり合った色調がオレンジで、非常に珍しいです。オレンジダイヤモンドの多くは窒素原子が単独で結晶内に分布している「Ⅰb型」で、結晶構造に広くゆがみが生じ、波長の短い青や紫のほかわずかに黄色を吸収するため、オレンジ色になるのではないかという説があります。

ブルー

希少なファンシーカラーダイヤモンドのなかでも特に珍しいのがブルーです。イエローやブラウンとは異なり、炭素原子の一部がホウ素原子に置き換わったことによります。

なお、ダイヤモンドは基本的に絶縁体で電気を通しませんが、ホウ素を含むダイヤモンドは例外的に電気を通し、超高性能な半導体の材料になる可能性があるとして注目されています（産業用には合成ダイヤモンドが使われます）。

グリーン

これも非常に珍しいファンシーカラーダイヤモンドです。原石の近くに存在した微少なウランなどの放射線エネルギーによって、結晶構造に欠陥ができたために着色したと考えられています。

蛍光性があり、ブラックライトを当てると色合いが変わります。

ピンク

希少なファンシーカラーダイヤモンドのなかでも非常に珍しい色の一つです。発色の要因としては、窒素原子の隣に炭素原子の欠陥が生じるケースと、炭素原子の結晶構造にわずかなゆがみが生じたケースがあると考えられていますが、詳しいことは不明です。

レッド

こちらも結晶構造の欠陥によって発色すると考えられていますが、具体的な仕組みは不明です。ピンクダイヤモンドなどよりさらに珍しく、ファンシーカラーダイヤモンドのなかで最上位に位置します。

しかし、市場には基本的に流通していません。「幻のダイヤモンド」とも呼ばれ、投資対象として検討すること自体が難しいといえます。

ファンシーカラーのなかで
ピンクが投資対象に選ばれる理由

ピンクダイヤモンドの希少性を理解するには、ダイヤモンド鉱石から採れるダイヤモンド原石の量と、そのなかに占めるピンクダイヤモンドの原石の割合について知っておく必要があります。

まず、1トンのダイヤモンド鉱石から採れるダイヤモンドの原石は1g程度です。しかも、そのうち90%以上が工業用で、宝石品質は10%に満たないといわれています。

さらに、宝石品質のダイヤモンド原石のうちピンクダイヤモンドの割合は、多く採れていたアーガイル鉱山でも0・01%ほどです。

つまり、1トン（ダイヤモンド鉱石）から1g（ダイヤモンド原石）、そのうちの10%（宝石品質原石）、さらにそのうちの0・01%（ピンクダイヤモンド原石）。

こうした数字を見るだけでも、ピンクダイヤモンドがいかに希少なものかが分かります。

もともと希少で資産価値が高いピンクダイヤモンドですが、さらに市場での評価が高く、高額で取引されるポイントがあります。

第一に、ピンク色の鮮やかさです。ピンクダイヤモンドには色の薄いものから濃いもの、明るいものから暗いものまでありますが、最も資産価値が高いのは色が濃く鮮やかなものです。色の鮮やかさは重量（カラット）や大きさに勝り、小さなサイズでも驚くような高値で取引されます。

第二に、色味です。具体的にはブラウン系の色が混じると評価が少し下がります。また、オレンジがかった色が混じったものもブラウン系ほどではありませんが評価が下がります。逆に、パープル系のピンクは、ストレートなピンクよりむしろ市場の評価が高い傾向があります。

第三に、「４Ｃ」の一つであるクラリティについて、カラーダイヤモンドは全般的に無色透明(カラーレス)のダイヤモンドほどは評価に影響しません。カラーの重要度のほうがはるかに高いからです。しかし、あまりに内包物などが多く輝きに影響するレベルになると問題で、クラリティが「I」クラスになると避けたほうがよいです。

第四に、大きさです。ピンクダイヤモンドは色の鮮やかさや色味が重要ではありますが、あまりに小さすぎるとやはり希少性が下がります。具体的には0・02カラット以上をお勧めします。

第五に、鑑定書や保証書の有無です。これはすべてのダイヤモンドに共通し、少なくともGIAないしは同等の信頼性のある鑑定機関の鑑定書が付いていることが必須です。さらにピンクダイヤモンドであれば、次に触れる「アーガイル認定」の認定証がついているものなら、資産価値の安定性という意味では非常に安心できます。

アーガイル産のなかでもさらに特別な「アーガイル認定」

ピンクダイヤモンドの広告などで「アーガイル」という言葉がよく使われます。しかし、その「アーガイル」が何を意味するのかはとても重要です。

まず、産地によってアーガイルか、ほかの鉱山で採れたものかが分かれます。これについては「アーガイル産（アーガイルＤＮＡ）」と「非アーガイル産（非アーガイルＤＮＡ）」などと呼んで区別します。

次に、アーガイル産のなかでも、一定の基準をクリアした原石が「アーガイル認定」となります。これはアーガイル鉱山で採掘されたのち、カットや研磨といった加工から特定の専門業者への販売までリオ・ティント社が手がけたもので、アーガイル産ピンクダイヤモンドの中でもさらに厳選された一部のみです。

以上から、ピンクダイヤモンドは次の３つに分類することができます。

アーガイル認定

アーガイル鉱山で採掘されたピンクダイヤモンド原石のなかから大きさや色味などで厳選され、リオ・ティント社によって研磨され、さらにシンボルマークとシリアルナンバーが刻印され、認定証が発行されたものです。なお、「アーガイル認定」のピンクダイヤモンドはＡＰＤ（Argyle Pink Diamonds™）とも呼ばれます。

刻印はダイヤモンドのガードル部分（上部と下部の境目部分）にレーザーで彫り込まれており、「アーガイル認定」の確かな証拠になります。

オークションサイトやフリマアプリなどで「アーガイル産」とうたったピンクダイヤモンドが出品されていることがあります。そのすべてに資産性がないとは言いませんが、資産防衛のためアーガイル産のピンクダイヤモンドを購入する際は必ず、「アーガイル認定」のシンボルマークとシリアルナンバーの刻印があるかどうかを確認してください。

アーガイル認定の証明書

APD

ARGYLE PINK
DIAMONDS

GEM IDENTIFICATION AND AUTHENTICITY DOCUMENT

ID No.	123456
Carat Weight	0.30ct
Shape	Round
Clarity	P2
Colour	5PP
Origin	Argyle Diamond Mine, Western Australia

DATE OF ISSUE　27 July 2015　SIGNATURE OF AUTHORITY

THIS INFORMATION IS NOT A GUARANTEE, VALUATION OR APPRAISAL. IT DESCRIBES IDENTIFYING CHARACTERISTICS OF YOUR DIAMOND(S) BASED ON GRADING TECHNIQUES AND TECHNOLOGY AVAILABLE TO AND USED BY ARGYLE DIAMONDS AT THE TIME OF ITS EVALUATION.
ARGYLE PINK DIAMONDS:1 WILLIAM STREET, PERTH 6000, WESTERN AUSTRALIA

さらに、APDのサイトでシリアルナンバーを打ち込めば、カラット、シェイプ、クラリティ、カラーそれぞれの評価グレードが確認でき、唯一性が証明できます。

これは非常に重要なポイントです。なぜなら、現在のダイヤモンドの鑑定技術では一般的に産地までは特定できません。さらに近年、合成ダイヤモンドでも質の高いピンクダイヤモンドが作られるようになっており、なおさら「産地はどこなのか」

アーガイル産非認証／認証済のピンクダイヤモンドの価値増加

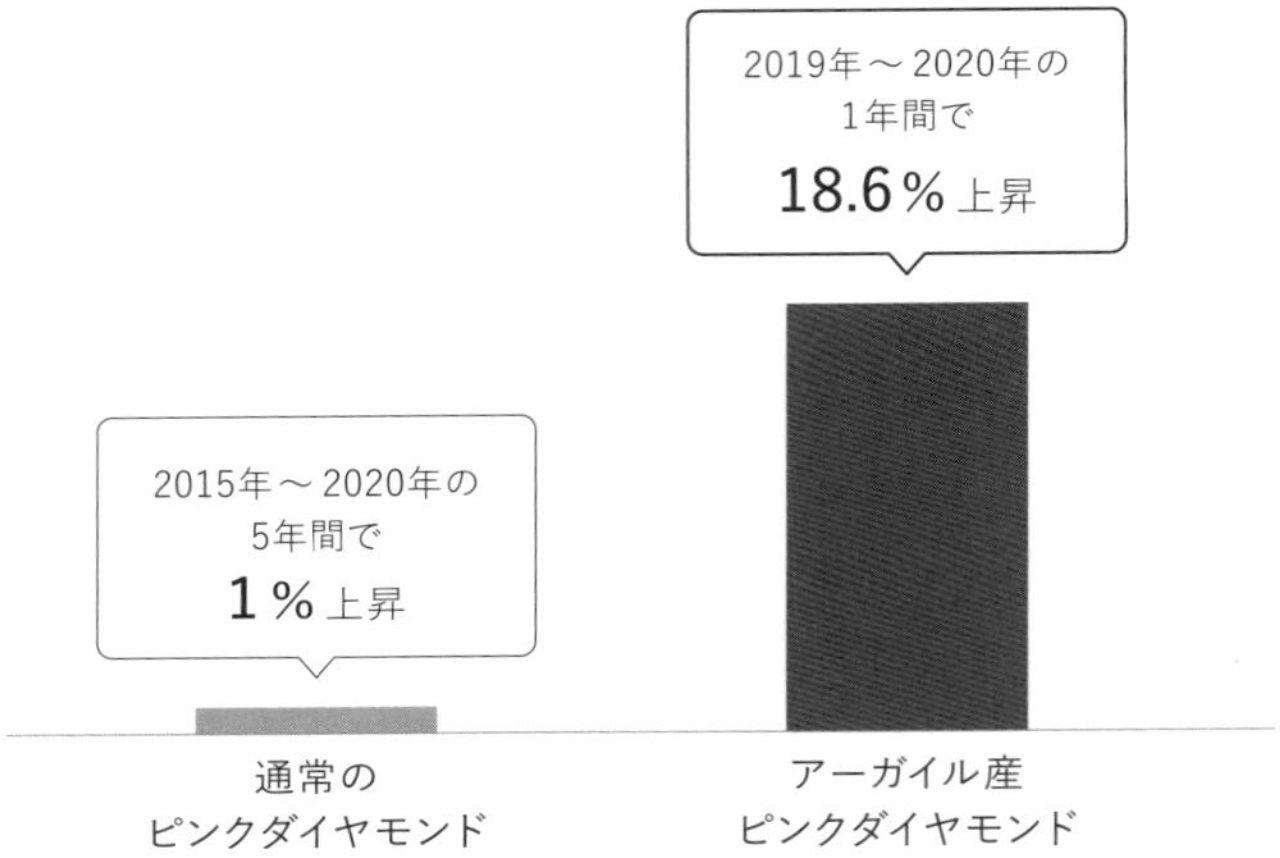

※2019年～2020年の1年間で、投資品質のアーガイル認証ダイヤモンドの価値は平均して18.6％増加、より希少なカテゴリーでは28％増加している

ということが資産価値の裏付けとなります。

ちなみに、ファンシーカラー研究財団（ＦＣＲＦ）のデータによれば、「アーガイル認定」を受けていないピンクダイヤモンドは２０１５年から２０２０年の５年で１％しか価格が上昇していません。それに対し投資品質の「アーガイル認定」のピンクダイヤモンドは２０１９年から２０２０年の１年間で平均18・６％も値上がりしています。

「アーガイル認定」は基本的に２００５年から行われていますが、期間によって対象となるピンクダイヤモンドのカラット（重量）が少し異なります。また、それ以前のアーガイル産ピンクダイヤモンドについても、一定の条件を満たしたものにレーザー刻印がされています。これらを整理すると次のようになります。

１９８５年〜１９９８年：０・５カラット以上のアーガイル産ピンクダイヤモンドにのみレーザー刻印

１９９９年〜２００４年：年に１回開催される最高峰アーガイル産カラーダイヤモンドのオークションに出品されるピンク色のテンダーダイヤモンドのみにレーザー刻印し、認定証を発行

２００５年〜２００８年：０・２カラット以上のピンクダイヤモンドを対象に

「アーガイル認定」のレーザー刻印と認定証発行

2009年～2016年11月：0・15カラット以上のピンクダイヤモンドを対象に「アーガイル認定」のレーザー刻印と認定証発行

2016年12月以降：0・08カラット以上のピンクダイヤモンドを対象に「アーガイル認定」のレーザー刻印と認定証発行

アーガイルオリジン

アーガイル鉱山で採掘されながら、リオ・ティント社では加工・研磨されなかったピンクダイヤモンドの原石は、同社が契約するパートナー企業へ販売され、パートナー企業が自社および契約する研磨工場で加工・研磨します。これを「アーガイルオリジン」と呼びます。

「アーガイルオリジン」のピンクダイヤモンドがアーガイル鉱山で採取されたこ

とは事実ですが、「アーガイル認定」とは異なります。そのため、市場における取引価格ではどうしても劣ります。

ただ、ＧＩＡの「４Ｃ」による鑑定書があれば問題なく高値で取引され、ある意味、お値打ちでアーガイル産のピンクダイヤモンドを購入できるともいえます。

非アーガイル

アーガイル鉱山産出ではないピンクダイヤモンドです。

もちろん一般的なダイヤモンドに比べて希少性は高く、ＧＩＡの「４Ｃ」による鑑定書があれば、高値で取引されます。

「アーガイル認定」のために設けられた独自のカラー基準

ＧＩＡが定めた「４Ｃ」のグレーディングシステムがダイヤモンドの評価において優れているのは紛れもない事実です。ダイヤモンドが世界中で取引されるための欠かせない礎となっています。

カラーダイヤモンドについても、明るさ、濃さ、色の種類の3要素をもとに、一般的な無色透明のダイヤモンドとは異なる9段階のカラーグレードを設けています。

しかし、ピンクダイヤモンドのカラーグレードを評価するには不十分です。なぜなら、ピンクダイヤモンドをはじめとするカラーダイヤモンドは、４Ｃのなかでも「カラー」が特に重視されます。しかも、アーガイル鉱山で産出されたピンクダイヤモンドは、ほかの鉱山で採掘されたものより色が濃いのが特徴です。そ

GIAにおけるファンシーカラーダイヤモンドのチャート

価値が高い	**FANCY VIVID** （ファンシーヴィヴィッド）	上質で鮮やか
	FANCY INTENSE （ファンシーインテンス）	上質で濃い
	FANCY DEEP （ファンシーディープ）	上質で深い
	FANCY DARK （ファンシーダーク）	上質で暗い
	FANCY （ファンシー）	上質
	FANCY LIGHT （ファンシーライト）	上質で薄い
	LIGHT （ライト）	薄い
	VERY LIGHT （ベリーライト）	非常に薄い
価値が低い	**FAINT** （フェイント）	ほのか・弱い

のため、より詳細なカラーのグレーディングが必要になるのです。

そこで、アーガイル産のピンクダイヤモンドのうち、「アーガイル認定」については独自のカラー基準が設けられています。

まず、ピンク色の種類については、「Purplish Pink（ＰＰ）」「Pink（Ｐ）」「Pink Rose（ＰＲ）」「Pink Champagne（ＰＣ）」「Blue Violet（ＢＬ）」「Red」の6種類に分けられます。

そして、「ＰＰ」「ＰＲ」「Ｐ」は色の濃さ（彩度）によってさらに、ホワイトを除いて「1」から「9」まで9段階に分類されます。また、「ＰＣ」と「ＢＬ」は色の濃さによって「1」から「3」の3段階に分類されます。いずれも数字が小さいほど色味が濃くなります。なお、表にはありませんが「Red」は1分類のみです。

このように「アーガイル認定」では、「4Ｃ」のカラーグレードよりさらに細かく分類することによって、同じカラーグレードのルース（裸石）であれば、ど

「アーガイル認定」におけるカラー基準

Purplish Pink（PP）

WHI	9	8	7	6	5	4	3	2	1

Pink（P）

WHI	9	8	7	6	5	4	3	2	1

Pink Rose（PR）

WHI	9	8	7	6	5	4	3	2	1

Pink Champagne（PC）			Blue Violet（BL）		
1	2	3	1	2	3

れを手配してもほぼ色の違いのない正確な品質が保証されており、目の前に現物がなくても取引できる国際的な信頼性を得ています。

なお、アーガイルのカラー基準において「6」は、4Cのカラーグレーディングでは「Fancy（ファンシー）」から「Fancy Intense（ファンシーインテンス）」にあたります。

投資として所有する場合、カラーはPP、PR、Pの「6」以上、加えて重量は0・2カラット以上、クラリティは「SI_2」以上を目安にするとよいと思います。

「アーガイル認定」のカラットとカットの特徴

ダイヤモンドの重さを表す「カラット」と形についての評価である「カット」についても、「アーガイル認定」のピンクダイヤモンドには一般的なダイヤモンドとは少し異なる特徴があります。

まず、アーガイル産ピンクダイヤモンドは、重さ0・2カラット未満が約90％を占めます。そのうち、0・08カラット未満のため「アーガイル認定」の対象外が全体の50％、「アーガイル認定」対象の0・08カラット以上0・2カラット未満が約40％を占めます。

つまり、アーガイル産ピンクダイヤモンドのうち、重さが0・2カラット以上は約10％に過ぎません。さらに0・4カラット以上ともなるとたった1％程度になってしまいます。アーガイル産ダイヤモンド全体のなかでわずか0・001％という割合になるため、出会えるだけで奇跡的です。

アーガイル産ピンクダイヤモンドのカラット別割合

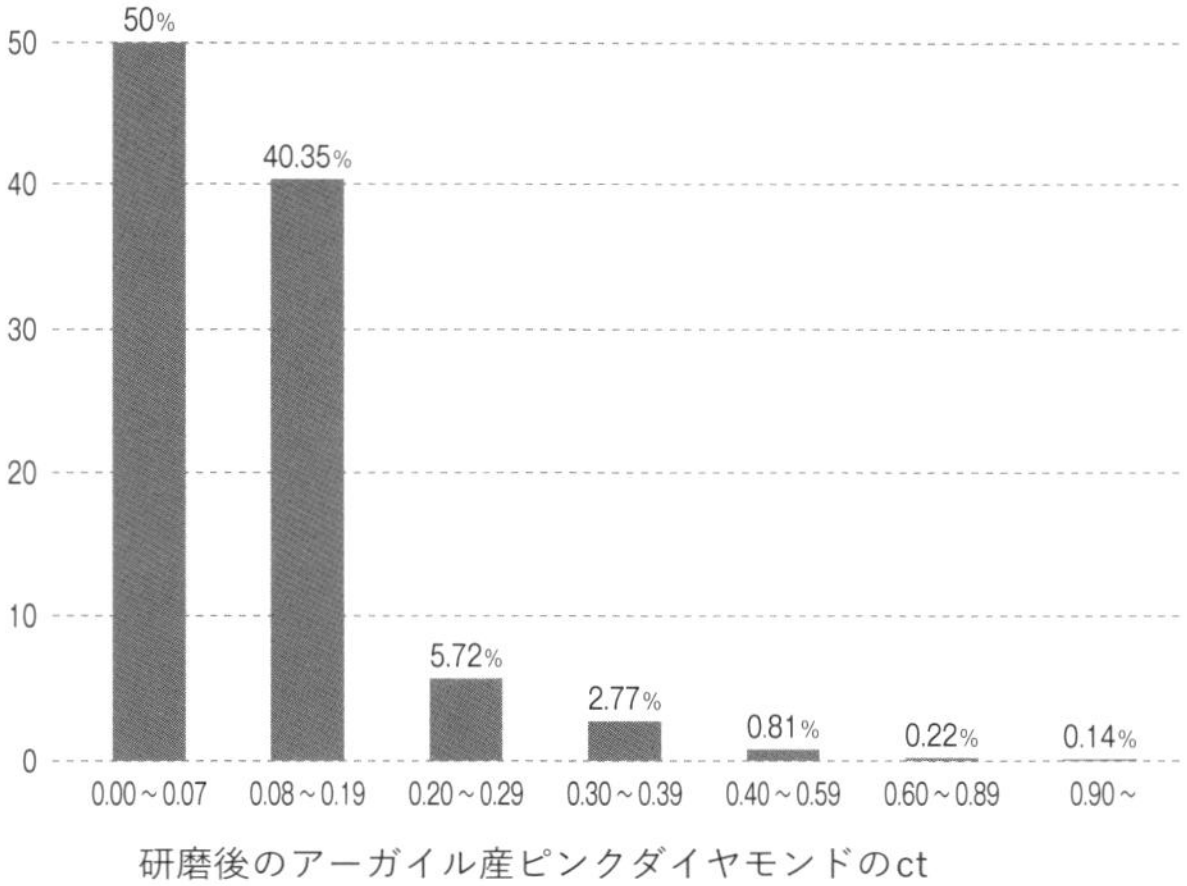

したがってアーガイル産ピンクダイヤモンドを投資として購入する場合、0・4カラット以上を見つけるのは至難の業です。希少性という点では0・2カラット以上を目安にすることをお勧めします。

もう一つ「カット」についていうと、「アーガイル認定」のピンクダイヤモンドにはラウンドブリリアント・カットが多くなっています。

ラウンドブリリアント・カットは通常、ソーヤブル（Sawable）

と呼ばれる正八面体の原石からカットされます。ダイヤモンドには劈開という性質があり、結晶が成長した面に対して平行にカットしやすくなっています。しかし、結晶にゆがみがあったり成長線が曲がっていたりするとうまくカットできません。そこでダイヤモンド原石は、カットのしやすさでソーヤブル、メイカブル、ニアジェムの3段階で評価されます。ソーヤブルはそのうちの最高ランクです。

その点、ピンクダイヤモンドの原石は結晶がいびつな形をしていることが多く、また色の薄いものも少なくありません。そのため、ラウンドブリリアント・カットにしにくいうえ、ラウンドブリリアント・カットにできても、パビリオン（ガードルから下半分）がシャープになるためピンク色が抜けやすくなります。結果的にピンクダイヤモンドでは、ペアシェイプやオーバル、ハート、スクエアといった形が多くなります。

「アーガイル認定」のピンクダイヤモンドにラウンドブリリアント・カットが多いのは、アーガイル鉱山で採掘された原石の中からきれいな形の原石を選べるからであり、その点でも希少性の高さにつながっています。

アート作品と比較した価格上昇率の高さ

カラーダイヤモンドのなかでも、「アーガイル認定」のピンクダイヤモンドは別格です。無色透明のダイヤモンドと比べると、いまやその市場価格はカラット当たり数倍から場合によっては20倍以上にもなります。

その価格をほかの資産と比べてみます。まず、日本でも実物資産の一つとして知られるようになったアート作品との比較です。

人気の高いアート作品とアーガイル認定のピンクダイヤモンドは、２０１２年までは同じような価格上昇ラインを描いていました。丁寧に研磨されたダイヤモンドには芸術作品という性質もあるため、似たような上昇率になっていたとしても不思議はありません。

しかし、２０１２年以降はアーガイル認定ピンクダイヤモンドの上昇率が明らかに上回っており、２０２５年時点ではさらにその差が広がっています。

ダイヤモンドとピンクダイヤモンドの物価指数比較

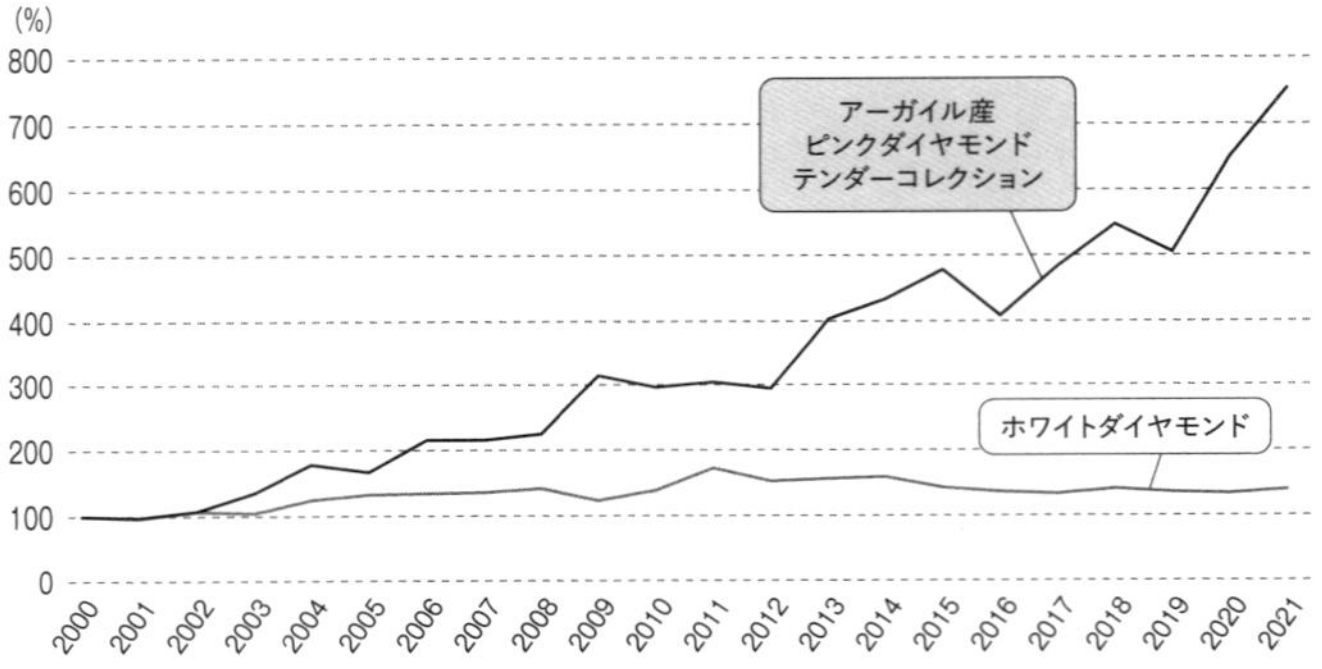

出典：rare and collectable
P.17 Source: www.polishedprices.com; Gemdax Consultants; Argyle Pink Diamonds™

アートとピンクダイヤモンドの物価指数比較

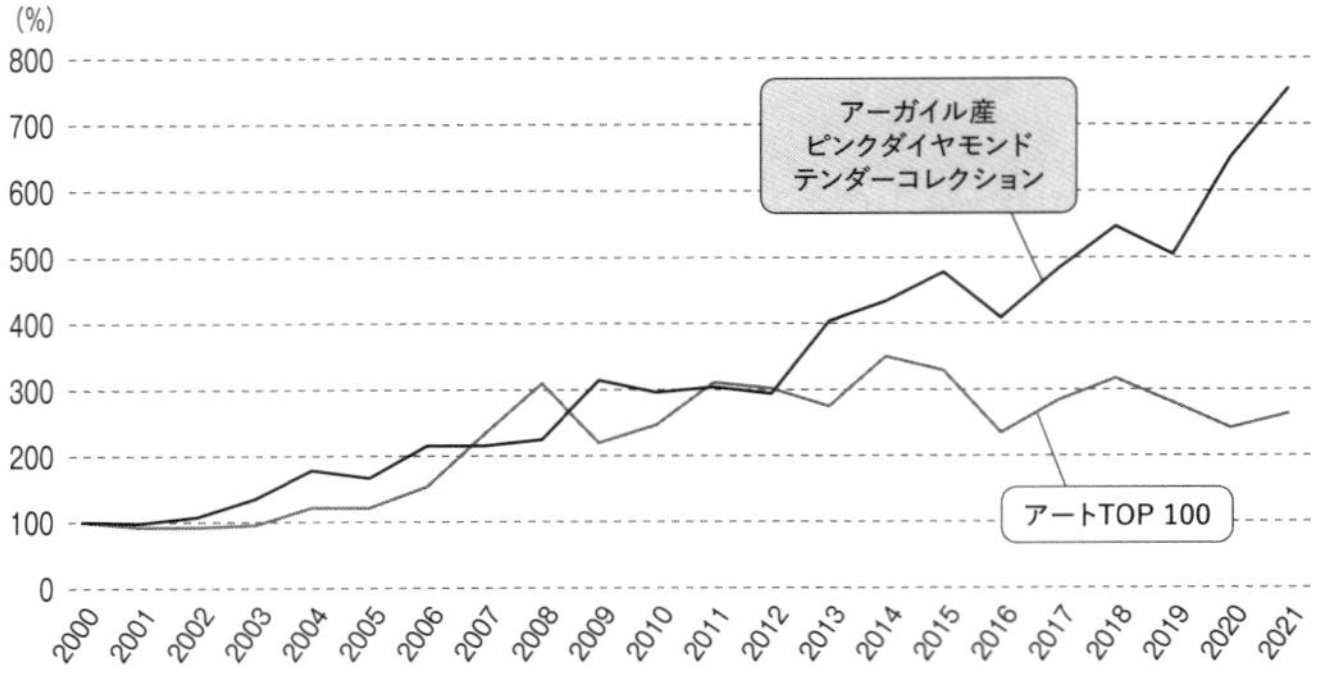

出典：rare and collectable
P.29 Source: AMRD Art 100 Index (© Art Market Research Developments 2021), Gemdax Consultant; Argyle Pink Diamonds™

株式市場とピンクダイヤモンドの物価指数比較

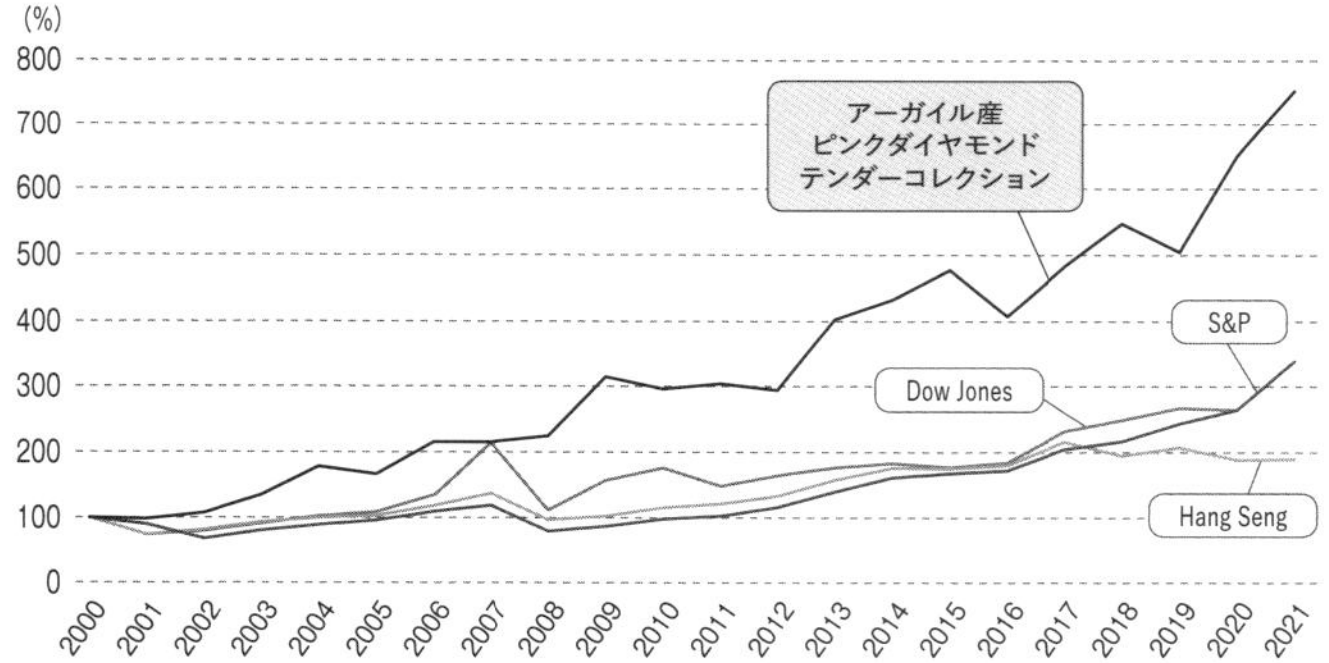

出典：rare and collectable
P.25 Source: Gemdax Consultant; Argyle Pink Diamonds™

株価指標と比較しても明らかに優位な差

視野を広げて、代表的な金融資産である株式と比較してみます。対象はアメリカのS&P500とダウ平均、そして香港のハンセン指数という3つの株価指数です。

いずれも長期的に見ると右肩上がりに上昇していますが、やはりアーガイル認定ピンクダイヤモンドの上昇率のほうが明らかに上回っています。

株価指数の推移を細かく見ると、全

体的には上昇しているなかで大きく調整している時期があるのが分かります。例えば、２０００~２００２年はＩＴバブルの崩壊、２００８年はリーマンショックの影響を受けた結果です。

一方のアーガイル認定ピンクダイヤモンドはそうした危機の影響があっても毎回、力強く回復し、より高い右肩上がりの上昇トレンドが続いています。

ほかの資産と比べれば比べるほど、アーガイル認定ピンクダイヤモンドの資産としての魅力が際立っています。

ティファニーがアーガイルの特別なコレクションを独占取得

２０２０年11月にアーガイル鉱山は閉山しました。閉山した理由は、現在の技術で採掘できるダイヤモンド原石を含む地層が限界に達し、これ以上は採掘コストが非常に高く、収益が見合わなくなったからといわれています。

これに伴い、採掘された最高峰のカラーダイヤモンドが出品されるシークレットな入札会「アーガイル ピンク ダイヤモンズ テンダー™」も、２０２１年を最後に37年間の歴史に幕を下ろすことになりました。

もはやアーガイル認定を受けた最高グレードのピンクダイヤモンドが新たに世に出てくることはなくなってしまったと思われていたところ、実は最終採掘期に採れた少量の原石が保管されていました。特別なコレクションが成立するくらいのストックがあったのです。

しかし、このストックについて入札会は開催されませんでした。なぜなら、アーガイル社から世界屈指のジュエラーであるティファニー社に、スペシャルな提案が行われたからです。その結果、ティファニーが35ピース（石）のコレクションをまとめて入手することになりました。まさに世界中のダイヤモンド業界関係者が驚いたニュースです。

その際、ティファニーのチーフジェモロジストであるヴィクトリア・ワース・レイノルズ氏は、次のようなコメントを発表しています。

「35石のアーガイル産ピンクダイヤモンドからなるこの類まれなコレクションは、ファンシー ヴィヴィッド ピンク、ファンシー インテンス パープリッシュピンク、ディープ ピンク、特に希少価値の高いファンシー レッド ダイヤモンドといった、アーガイル ダイヤモンドが誇るさまざまな色を体現しています。これらのダイヤモンドは、このうえなく希少であるだけでなく、ティファニーのダイヤモンド クラフト ジャーニーの取り組みとも整合します。ティファニーは今回の取得においても、新たに調達され個別登録されたのちにジュエリーにセットされるダイヤモンドの原産地に関する情報をお客様に提供します」

また、アーガイル鉱山で採掘事業を行っていたリオ・ティント社のシネイド・カウフマン最高責任者は次のように述べています。

「オーストラリアの原産地から採掘され、15億年前から始まる物語を秘めたアーガイル産ピンクダイヤモンドのコレクションが、今の時代にティファニーの比類なきクラフトマンシップに託されたことを喜ばしく思います」

アーガイル産のピンクダイヤモンドはもともとサイズが小さめですが、ティファニーが取得した35ピース（石）のコレクションのなかには、1カラットを超える非常に希少な大粒サイズも含まれています。この特別なコレクションには、ティファニーが発行するダイヤモンド鑑定書とアーガイル認定ピンクダイヤモンドの鑑定書の両方が付属しています。

あくまで噂の域を出ませんが、このスペシャルな35ピース（石）のコレクションのためにティファニーが投じた費用は、1回の取引額として同社史上でも最高額だったとされます。それだけの魅力と価値がアーガイル産ピンクダイヤモンドにはあるのです。

コラム

時代を超えて受け継がれてきたピンクダイヤモンド列伝

ピンクダイヤモンドは歴史的にみても、選ばれた人たちの間で重要な資産として継承されてきました。ダイヤモンドのなかでも特に希少性が高く、ピンクという色味も美しいことから、ステータスのシンボルとして愛されてきたのです。

ここでは時代を超えて受け継がれてきた著名なピンクダイヤモンドを、独断と偏見でセレクトしてみました。

「ダルヤーイェヌール（Darya-e Noor)」は世界で最も大きなピンクダイヤモンドで、１８２カラット（36・４g）あります。

かつてインド・ムガール帝国の皇帝が所有していましたが、18世紀に戦利品としてペルシャに運ばれ、ペルシャ語で「光の海」という名前が付けられました。

現在は腕輪にセットされ、テヘランのイラン中央銀行の地下にある宝石博物館に展示されています。

「ヌーロルエイン（Noor-ol-Ain）」は、世界で2番目に大きなピンクダイヤモンドで、サイズは60カラット（12g）です。

こちらはペルシャ語で「光の目」という意味で、「ダルヤーイェヌール」と同じ原石から加工されたと考えられています。ちなみに当初の原石は400カラット（80g）ほどあったようです。

ヌーロルエインは1958年にハリー・ウィンストンによって当時のイラン女王のティアラにセットされ、こちらも現在はイラン中央銀行の地下にある宝石博物館に展示されています。

「ウィリアムソン ピンクダイヤモンド・プラチナブローチ」は1947年にイギリスのエリザベス王女が結婚する際、鉱山の採掘権を持っていたカナダ人の地質学者から原石として贈られました。そして1953年、カルティエによって、プラチナとホワイトダイヤモンドでデザインされた花柄のブローチの中心にセットされました。

1981年のチャールズ皇太子とダイアナ妃の結婚式、1999年のエドワード王子とソフィー王妃の結婚式でもこのブローチが着用されています。

「ル・グラン・マザラン」は約19カラットのピンクダイヤモンドです。「ダルヤーイェヌール」などと同じくインドの有名なゴルコンダ鉱山で発掘され、17世紀から2世紀以上にわたってルイ14世、ルイ15世、ルイ16世、シャルル10世などフランスの歴代国王の王冠に飾られていました。

1887年、オークションで売却されたのち、2017年にはクリスティーズのオークションに再び登場し、16億円以上の価格で落札されました。

最後にもう一つ挙げておきたいのが、史上最高額で落札された「ピンクスター」です。

この59・60カラットのピンクダイヤモンドは、1999年に南アフリカのデビアス鉱山で採掘され、原石は132・5カラットありました。それを20カ月の時間を掛けて慎重に研磨し、現在の大きさになったものです。

もとはカットを担当した会社の名前を冠して「シュタインメッツ・ピンクダイヤモンド」と名付けられていましたが、2007年にシュタインメッツ社から別の所有者に渡り、「ピンクスター」という名前が付けられました。

そして2013年11月、スイスのジュネーブで開催されたサザビーズのオークションに出品され、８３００万ドル（約83億円）で落札されたのです。これはあらゆる宝石の中での史上最高額です。それまでの最高額は、２０１０年に行われた同オークションで24・78カラットの「ザ・グラフ・ピンク」が落札された際の４６１５万ドル（約38億円）であり、大幅に更新したことになります。

ただし、エピソードには続きがあります。史上最高額で落札したのは、ニューヨークのダイヤモンド研磨業者で、投資家グループを代表してオークションに参加していました。落札した直後に保証金の６０００万ドル（約69億円）は支払ったのですが、２０１４年に支払い不能で債務不履行になってしまいました。

その後、２０１７年にピンクスターは香港のオークションに出品されました。入札では3社が競合した結果、７１２０万ドル（約78億円）で決着。落札したのは中国最大の宝石小売店チェーンで、名称はその社名にちなんで「ＣＴＦピンクスター」に変わりました。それ以降はニュースになっていませんので、代金はきちんと支払われたようです。

資産としてピンクダイヤモンドが広く注目を集めるようになったのは近年のことですが、古くからその魅力や価値は認められていたのです。

そして、これからはもっとその価値が高まっていくに違いありません。

第4章

ピンクダイヤモンドに投資をするための実践知識

商品の選び方や売買方法、パートナーの選び方……

ピンクならジュエリーブランドでもいいのか

資産保全のためピンクダイヤモンドに投資するにあたっては、ぜひ覚えておきたい実践的な知識があります。

まず、ピンクダイヤモンドが使われていれば、指輪やネックレスなどジュエリー（宝飾品）でもよいのかという点です。

結論からいえば、ジュエリーには装飾品としての価値はありますが、それは資産とは異なるものです。なぜなら、ジュエリーの価格に含まれるのは宝石の分だけではないからです。

ハイブランドのジュエリー（宝飾品）ともなれば、築き上げてきたブランドの価値、トップクリエイターによるデザイン料、熟練職人の加工費、広告のクリエイティブやメディアの費用、一等地にある店舗の家賃、ブランドにふさわしいスタッフの人件費、それに伴う制服や備品などの店舗運営経費、在庫の保管料など、さまざまなコストが上乗せされています。

一方、ジュエリーのデザインなどには流行があり、よほど特殊なケース以外、ジュエリーは人が身につけると中古品の扱いになります。そのため、将来の売却価格が購入価格を大きく下回ってしまう可能性があるのです。ジュエリーブランドの商品はやはり装飾品として楽しむのが理にかなっています。

資産保全という観点から見れば、できる限り上位グレードで資産価値の高い品質のルース（裸石）を購入することが基本となります。

ルース（裸石）で購入してからジュエリーに加工するということも可能ですが、あまりお勧めはしません。ダイヤモンドは擦り傷には強いのですが、劈開性が高く、ジュエリーの制作過程やジュエリーとしての使用時に特定の方向から力を加えると割れてしまう可能性もゼロではないからです。

なお、ジュエリーに加工しても、ルース（裸石）を削ったり破損したりしない限り、その価値が下がることはありません。

適正価格で購入することが何より重要

ピンクダイヤモンドを資産保全のために購入するなら、宝飾品（ジュエリー）ではなくルース（裸石）が基本です。それに加えて、適正価格で購入することが極めて重要です。

なぜなら、ルース（裸石）でも、相場より高く買ってしまったのでは、ジュエリーと同じように将来、安くしか売れないということになりかねません。

そのためには第一に、鑑定書や認定証があるものを選んでください。資産価値の高いピンクダイヤモンドを入手するには、鑑定書や認定証が付いていることが大前提です。一般的にＧＩＡの「４Ｃ」によるものが主流ですが、アーガイル産のピンクダイヤモンドについては独自のカラーグレーディング評価（アーガイル認定）が必要です。

第二に、ダイヤモンドの国際的な相場を確認してください。具体的には、国際的なダイヤモンド取引における価格の基準になっている「ラパポート・ダイヤモンド・レポート」が参考になります。ラパポートが毎週発表しているこのレポートでは、ダイヤモンドの大きさや品質ごとの取引相場が1カラット当たりの米ドル価格（100ドル単位）で細かく一覧になっています。これを見れば、大まかな相場動向が分かります。

第三に、信頼できる購入先を選んでください。それにはまず、ダイヤモンドのサプライチェーンを理解しておくことが役に立ちます。

次ページの図表は一般的なダイヤモンドのサプライチェーンです。まず、ダイヤモンド鉱山でダイヤモンドの原石が採掘されます。採掘された原石は、鉱山会社が行うクローズドな販売会や入札会において、参加する権利を持つサイトホルダーと呼ばれる企業が購入します。これが研磨会社に渡り、加工・研磨されるとルース（裸石）になります。ルースは世界各地にあるダイヤモンド取引所で取引されます。ラパポートのレポートもこの段階での取引相場です。

日本の場合、そこから輸入業者などを通じて国内に入ってきて、ジュエリーメー

ダイヤモンドのサプライチェーン（イメージ）

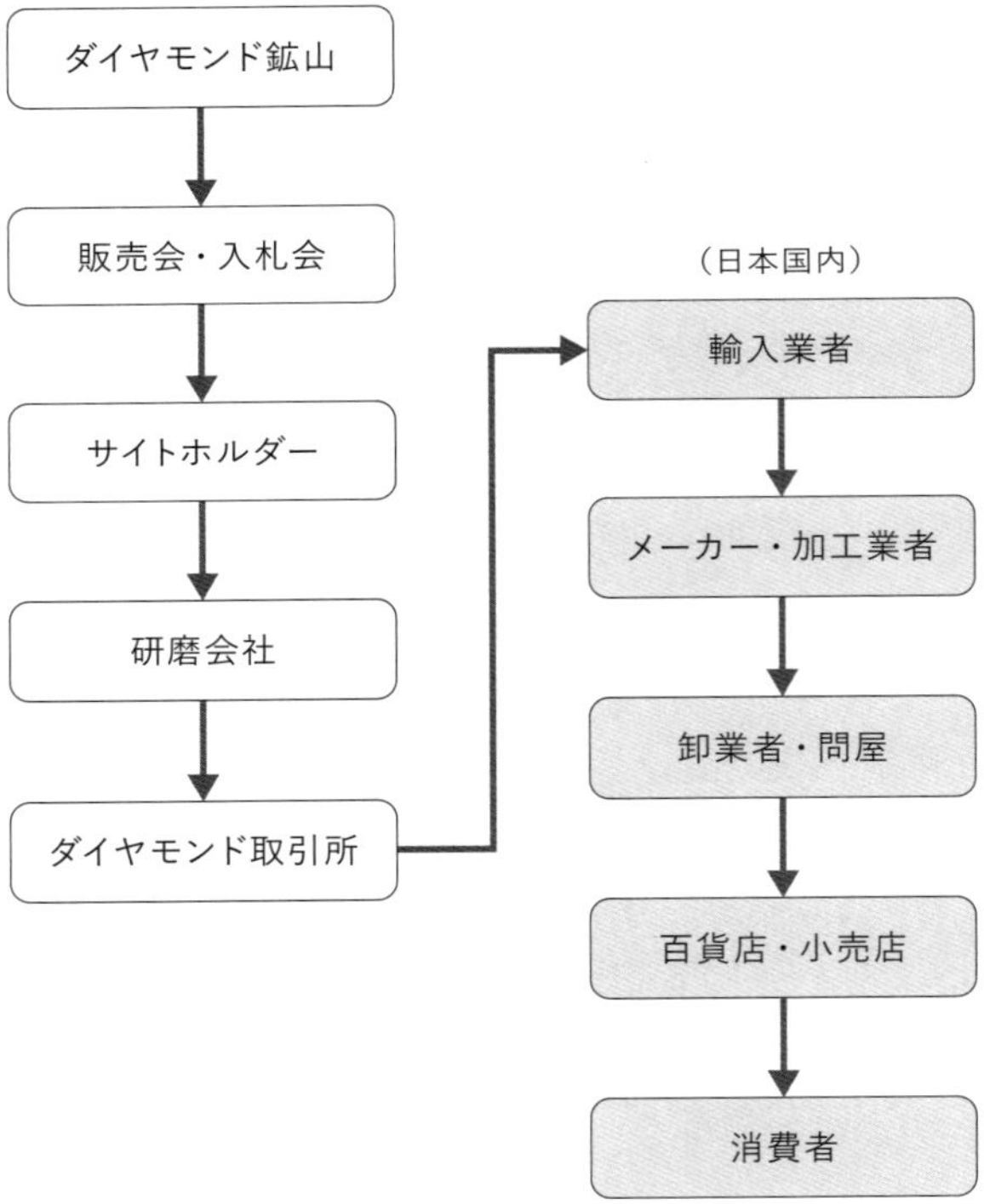

カーや加工業者、卸業者や問屋の間でやり取りされます。そして、百貨店や小売店の店頭に並び、消費者に届きます。

従来、この国内流通経路が非常に複雑で、消費者の手に渡る頃には国際相場の何倍にもなるといわれてきました。

この点について、一般財団法人 格付けジャパン研究機構が２０２０年４月に「資産形成型ダイヤモンド販売価格　店舗別比較・動向調査」というレポートを公表しました。

首都圏でダイヤモンド小売店をチェーン展開する販売事業者の14店舗を選び、２０２０年1月中旬から下旬の間で「４Ｃ」の評価が同じ1カラットと0・5カラットのルース（裸石）の天然ダイヤモンドについて、その小売価格を調査したのです。

「ラパポート・ダイヤモンド・レポート」など国際相場に沿った価格ならば、店舗やブランドによってそれほど価格差は出ません。しかしこの調査によると、日本では店舗やブランドによって大きな違いがある現状が浮き彫りになりました。

ちなみに私が運営するビジュピコの販売店が1カラット、0・5カラットそれぞれで販売価格評価のランキング1位（最安値）を取得することができました。

価格の面では店舗や運営会社の規模感も重要です。ある程度の規模感のある店舗のほうがスケールメリットを期待でき、また在庫が豊富にそろっている可能性が高いといえます。

アーガイル産ピンクダイヤモンドに限ったことではありませんが、信頼できる購入先を見極めるにはもう一つ、ダイヤモンドについてしっかりした販売体制がある業者かどうかが重要です。特に、専門知識や経験が豊富な専門スタッフがいて、気軽に相談できるような店舗なら安心です。

ピンクダイヤモンドの保管方法と保険について

アーガイル認定のピンクダイヤモンドを購入したら、ルースボックスやケースに入れて保管してください。

また、大事なものを冷凍庫に入れておく方もいるようですが、ダイヤモンドは入れないようにしてください。極端に温度が低いところに置いておくと変質が起こる可能性がないとも限りません。

また、ダイヤモンドは高温や火に弱い性質がありますので、火事や火の元にも気をつけてください。自宅で保管するなら耐火性のある金庫に入れておきます。

自宅での管理が心配な場合、銀行や民間の貸金庫を利用する方法もあります。大手銀行では大きさによって年間1万円台から3万円ほどで利用できます。

また、盗難や破損に対する保険についてご質問を受けることがあります。お答えとして、保険はありますが、資産価値の全額が保証されるような契約条件の場合、保険料がかなり高額になります。そうなると、維持費が掛からないというダイヤモンドのメリットが相殺されてしまうことにもなりかねません。個別の保険に入るケースはあまり聞きません。

ピンクダイヤモンドを売却する際のポイント

「アーガイル認定」のピンクダイヤモンドは10年、20年といった長期保有を前提とすべきですが、もし将来、売却する場合のポイントは次のとおりです。

第一に、宝石類の売却というと、テレビCMなどで見かける買取業者を思い浮かべる人が多いと思います。しかし、幅広い商品を扱う一般の買取業者で、ピンクダイヤモンドに詳しいスタッフがいるケースはまれです。鑑定書や認定証があったとしても正しく見てもらえず、本来の価格を下回ることもあります。買取店によっては、価格交渉が入ったときに備えてわざと低い見積もり価格を提示する場合もあります。

すぐに売却先を決めてしまうのではなく、必ずいくつかの買取業者で見積もりを取ってから判断すべきです。

第二に、最近はフリマアプリやネットオークションを通して売却するという方法があります。フリマアプリやネットオークションは買い手を広く探すことができ、売却手数料を抑えることが可能です。

実際、Yahoo! オークションなどでは、数百万円や1000万円を超えるピンクダイヤモンドが出品されていることがあります。

ただし、売り手としてダイヤモンド市場の状況を把握し、適正な価格設定をすることが前提です。よく分からないまま適当な価格設定にしたり、値下げ交渉に安易に応じたりすると損をしてしまう恐れがあります。また売却できるまでどれくらいの期間がかかるかが読みにくいのもデメリットです。

なお、買取店に行ったりネットオークションに出品したりする前に、必ず行っておかなければいけないのが相場の確認です。自分でできない場合は、購入した店舗などで確認してみてください。購入した店舗が買取のライセンスを持っていれば、そのまま買い取ってもらえる可能性もあります。

第三に、委託販売という方法があります。

委託販売とは、売りたい宝石やジュエリーを買取ライセンスのある販売業者に一時的に預け、販売を代行してもらうシステムです。

メリットとしては、買取業者に買取を依頼するのと比べ、買取相場よりも高く売却できる可能性があります。買取業者の場合、買い取ったダイヤモンドは通常、「還流ダイヤモンド」として業者間のマーケットに出します。つまり、「卸価格」で買い取るのです。

一方、委託販売は一般ユーザーの買い手を探すので、「小売価格」になります。そのため、場合によっては買取価格より大幅に高い価格で売却できることもあります。反面、委託販売のデメリットとしては売却まで時間がかかりがちで、売却時には委託業者への手数料も必要になります。

コラム

日本でいちばんリーズナブルに宝石が手に入る 東京・御徒町

宝石の鑑定・鑑別機関は数多く、日本国内だけでも100を超えるといわれていますが、その多くが東京の御徒町に集中しています。実は御徒町は、国内最大級の宝石の問屋街です。日本ではそういったイメージは浸透していませんが、むしろ海外から「世界でもまれに見る宝飾業の密集地」として注目を集めています。

御徒町はいわば、宝石とジュエリーの聖地です。台東区上野5丁目の1平方キロほどのエリアに約2000軒が集まっており、そのほぼすべてがプロ相手の業者というから驚きです。上野5丁目や3丁目の周辺で宝飾関連の事業を営む法人や個人で「ジュエリータウンおかちまち」という組合も結成されています。

同じ宝石とジュエリーの聖地としては、山梨県甲府市が知られています。かつて水晶の産地であったことから、今でも宝石の研磨加工や貴金属の加工業が根づいています。

ただ、４人以上の事業所数は山梨県全体で見ても４００軒ほど。それに対して御徒町はもっと狭いエリアに約２０００軒なので、驚異的な密集度といえます。

御徒町でどうしてここまで宝飾業が栄えたかというと、そのルーツは江戸時代にさかのぼります。御徒町周辺には、寛永寺や浅草寺をはじめとして数え切れないほどの寺社がありました。そのため、仏具や銀器の飾り職人が集まっていたのです。

また台東区やその周辺には古くは浅草、吉原、柳橋、黒門町、湯島、根津といった色街がありました。そこで必要なかんざし、帯留めなどの小物を納めるビジネスの拠点として御徒町は重宝されたのです。

明治時代の半ばになると、指輪を制作・加工する業者が増えました。やがて型を使用した量産技術が生まれ、宝飾品の街として御徒町は発展していったのです。

さらに、御徒町は上野の隣でもあります。第二次大戦後、上野でアメリカ軍の兵士が時計やアクセサリーなどを売買するようになったのがアメ横の始まりです。御徒町は上野とともにアメ横のバックヤードとして修理と仲買機能を果たしました。

1964年春からは、時計・宝飾業者同士の交換会である「市」も行われるようになり、宝飾品取引の中心地としての地位を確立したのです。1956年に時計関連卸11社で結成した「仲御徒町問屋連盟」は、現在の「ジュエリータウンおかちまち」につながっています。

久しぶりに御徒町を訪れた方はたいてい驚くのですが、上野5丁目がある駅の東側は最近さらに行き交う人の数が増えている印象です。

その理由は、国内外の買い物客が数多く訪れているからです。特に海外からの注目度が高まり、インバウンドによって活性化しています。

なかにはわざわざ渡航費を掛けて海外から御徒町を訪れてジュエリーなどをオーダーし、出来上がった頃に再び御徒町へやって来る人もいます。自国で買うより御徒町で買うほうが予算を抑えられ、さらに円安傾向で旅費が浮くほどの価格差があるからです。

第5章

ピンクダイヤモンドは資産としての価値だけではない——

時を経ても変わらない輝きは
思いをつなぐかけがえのない手段

地球が育んだ「美」を所有する喜び

これからの時代、資産防衛のために実物資産は重要な投資対象です。実物資産の中で美術品や自動車、時計、ワインなどは趣味性が高く、コレクションする楽しみがあります。

ピンクダイヤモンドも実は同じです。ピンクダイヤモンドは資産保全の効果が高く、資産保全のためのダイヤモンド投資においては、ルース（裸石）が基本であると述べました。

とはいえ何億年、何十億年という年月をかけて地球が育んだ類まれな「美」を宿していることもピンクダイヤモンドの大きな魅力です。

特にアーガイル産ピンクダイヤモンドは世界中にコレクターが存在しており、実物を一度見れば誰しもその美しさに魅了されるはずです。資産保全とコレクションの楽しみは決して相反するわけではありません。

宝石言葉は「完全無欠の愛」

ピンクダイヤモンドの宝石言葉は「完全無欠の愛」です。ダイヤモンドが持つ「固い絆」というイメージと相まって婚約指輪や結婚指輪として選ばれるケースも増えており、特別なジュエリーとして認識されています。

世界のセレブリティーの間でピンクダイヤモンドの愛用者は多く、例えば俳優のベン・アフレックが２００２年、歌手のジェニファー・ロペスに贈ったハリー・ウィンストンの婚約指輪は、６・１カラットのピンクダイヤモンドをあしらったもので当時の価格で２５０万ドルだったといわれ大きな話題になりました。

ほかにも、歌手のケイティ・ペリーが俳優のオーランド・ブルームから贈られたピンクダイヤモンド、女優のブレイク・ライヴリーが俳優のライアン・レイノルズから贈られたピンクダイヤモンドなども有名です。

「想い」をつなぐピンクダイヤモンド

指輪やネックレスなどのジュエリーは贈ったり贈られたりすることが多く、自分で買うときも自分へのご褒美という感覚があります。相手や自分に対する「想い」とセットになっているのがジュエリーです。

「ビジュ・ド・ファミーユ」はまさにその典型例といえます。

「ビジュ・ド・ファミーユ（Bijou de famille）」とはフランス語で「家族の宝石」という意味です。ヨーロッパでは、世代を超えて宝石を受け継ぐ習慣があり、なかには何十年、何百年もの年月を超えて受け継がれるものもあります。

かつて話題になったのが英国のウィリアム王子がキャサリン妃に贈ったサファイヤの指輪です。この指輪はウィリアム王子の母、故ダイアナ妃のものでした。ダイアナ妃が亡くなった際、ウィリアム王子は腕時計、弟のヘンリー王子はサファイヤの指輪を形見として受け継ぎました。しかし、ウィリアム王子がキャサリン妃にプロポーズする際、ヘンリー王子に頼んで交換し、キャサリン妃にサファイヤの指輪が贈られたのです。

こういうと、「ビジュ・ド・ファミーユ」は王侯貴族や資産家たちが受け継いでいる大粒の宝石のイメージがあるかもしれませんが、一般の家庭にもその伝統は根付いています。

結婚式で花嫁が身につけると幸せになれる「サムシング・フォー（Something Four）」という習慣です。

これはサムシング・オールド（祖先や伝統の象徴）、サムシング・ニュー（新生活の象徴）、サムシング・ボロー（友人や隣人とのつながりの象徴）、サムシング・ブルー（聖母マリアのシンボルカラーであり純潔の象徴）の4つを指し、このうちサムシング・オールドとして「ビジュ・ド・ファミーユ」が用いられるのです。

代々受け継がれてきたジュエリーはまさに、サムシング・オールドにぴったりです。

ピンクダイヤモンドと税金

「想い」と「資産価値」がセットになったピンクダイヤモンドを贈ったり、代々受け継いだりするとき、少し気になるのが税金のことです。

家族どうしのプレゼントなら贈与税はかからないだろうと考えがちですが、夫婦の間であっても財産は本来個人のものです。受け取る側において基礎控除である年間110万円を超える分は贈与税の対象となります。

あるいは、宝石のような宝飾品は、形見分けで引き継ぐことが多いため、相続財産になるということを見落としがちです。

しかし、相続税は金銭に換算することができる経済的価値のあるすべての財産に対してかかり、当然ダイヤモンドなどの宝石やジュエリーも相続税の対象となります。

相続税にしろ贈与税にしろ、課税のベースになるのは購入した際の価格ではなく、現在の価格、つまり「時価」です。

ただ、財産にはいろいろなものがあり、現金や預金なら額面どおり、上場株式や債券、貴金属は市場のレートを見れば分かります。それに対し、不動産やその他の動産についてはそう簡単には分かりません。そこで国税庁はさまざまな財産についての評価方法を「財産評価基本通達」という文書で詳しく定めています。

それによれば、宝石の時価は一般動産（機械、自動車、家財道具など）に関する規定にならい「原則として、売買実例価額、精通者意見価格等を参酌して評価する」とされています。

つまり、宝石の相続税評価額（贈与税も同じ）は、実際の取引価格や鑑定結果をもとに評価することになります。具体的には宝石の買取を専門に行っている業者や質店に査定を依頼するのが一般的です。宝石を購入した店舗に委託販売価格を問い合わせてみてもよいです。

ただし、査定価格は業者によってばらつきがあるため、複数の業者に依頼する必要があります。専門知識を持った宝石鑑定士が所属している業者であればより信頼できるでしょう。

資産防衛においては、税金も実はとても重要な要素であり、申告の手続きなどについては専門家にご相談ください。

コラム

シークレットな入札会「アーガイルテンダー」と「ビヨンドレア」

アーガイル鉱山で採掘されたカラーダイヤモンドのうち、１年間を通じて最高峰といわれる60ピース（石）あまりについては「アーガイルピンクダイヤモンズテンダー™」によって買い手が決められていました。年に１回のペースで行われていた入札会で、２０２１年まで37年間も続いていたクローズドなイベントです。

ごく限られた招待客のみが参加を許される狭き門で、毎年８～10月の３カ月間にわたって世界の数カ所で開催されていました。

ここに出品されるピンクダイヤモンドは当然、厳選に厳選を重ねたものです。アーガイル鉱山で産出されたダイヤモンドの総カラット数（重

アーガイル鉱山で産出されたダイヤモンド

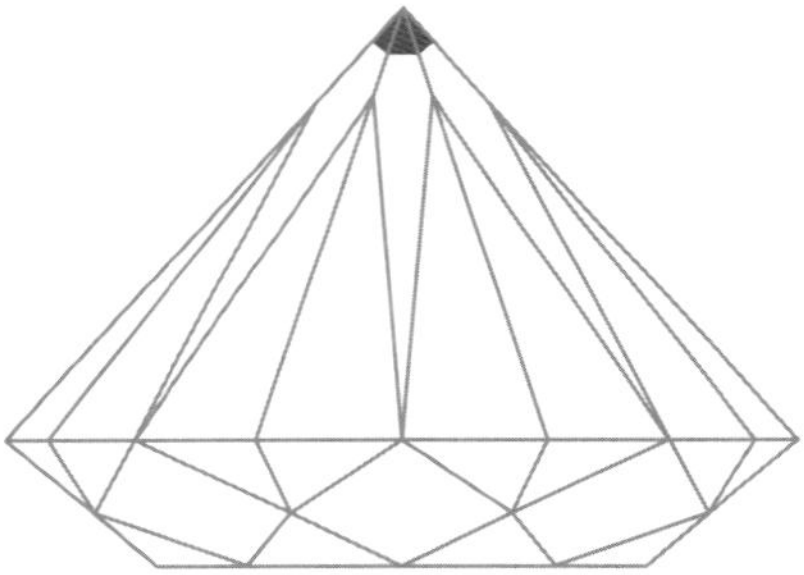

アーガイル鉱山からは
9億カラット弱の
ダイヤモンドが産出

ピンクダイヤモンドは
総生産量のうち
1％未満

テンダーで販売された
研磨済みの
ピンクダイヤモンドは
総生産量の
0.01％未満

出典：RARE AND COLLECTABLE

量）は、採掘されたままの原石でおよそ9億カラット弱にのぼりますが、そのうち、ピンクダイヤモンドはわずか1％未満といわれ、テンダーコレクションに選ばれた研磨済みのピンクダイヤモンドとなるとそのカラット数は総生産量の0・01％にも満たないものでした。

そして、テンダーコレクションに選ばれる基準は0・4カラット以上と決められており、それをクリアできたのはピンクダイヤモンドのなかでもたった1・14％です。そこからさらにスペシャルな60ピース（石）がセレクトされ、出品されたダイヤモンドにはロットナンバーが付けられていたのです。

特に優れたピンクダイヤモンドには1～6の番号が割り当てられ、ヒーローストーンとして個別の名前までつけられます。テンダーコレクションにノミネートされるだけでもかなりの難関ですが、そこからさらに6個のヒーローストーンに選ばれた石は、特別な存在として歴史に名前が残っています。

有名なヒーローストーンの一つが、2018年に登場した2・28カラットの「アーガイル ミューズ」です。アーガイルテンダーに出品された石のなかでもパープリッシュレッドダイヤモンドとして2カラットを超えた唯一の石で、サイズと色が両立した奇跡的なダイヤモンドとして知られています。

ちなみに、アーガイルテンダーには数億円以上のカラーダイヤモンドが60ピース（石）も集まるため、開催にはセキュリティーが極めて厳重です。

招待客にはまず、開催の日程と会場の都市だけが告げられます。そして、開催日の直前にようやく会場となるホテルなどが伝えられます。スケジュールどおりに会場に向かうと、ロビーで出迎えられ、その案内に従って部屋に入ってようやくテンダーコレクションのカラーダイヤモンドを確認することができるのです。

まるで映画の世界のようなシステムのイベントですが、最高レベルのグレードと認められたピンクダイヤモンドにはそれだけの価値があるということです。

実物のビューイングが終わったあとは帰国し、1週間ほど経ってから入札をします。競合の入札額は分からないまま結果のみが伝えられ、落札できたパートナーの元にピンクダイヤモンドが届くという流れです。

ちなみに、テンダーコレクションに出品されるダイヤモンドは、ひときわ大きなコレクションブックにそのスペックとともに紹介されています。また、テンダーコレクションの購入者は、アーガイルのアーカイブに名前が残るようになっています。

ビジュピコ東京サロンのスタッフも２０２０年のテンダーコレクションに出品されたロットナンバー49のピンクダイヤモンドを扱ったことがあり、圧巻の美しさだったといいます。

なお、２０２１年が最後となってしまったアーガイルテンダーですが、２０２３年にアーガイルテンダーに匹敵する入札会、「ビヨンドレア」が開催され、同じスタッフが招待により参加しました。

指定された都市はスイスのジュネーブだったのですが、現地に着いてもホテルは不明のまま、前日になってようやくホテルを告げられたそうです。当日はホテルのロビーで出迎えられ、ドアを開ける段階でようやく部屋が分かるという流れでした。

また、主催の方たちと撮った集合写真は、開催場所を秘密にするため窓の外が写らないよう細かくチェックをしながらだったそうで、まさにアーガイル認定のピンクダイヤモンドが持つ希少価値の高さを感じさせるエピソードです。

おわりに

トランプ・米国大統領の登場によって世界は様変わりしました。今後どのような展開が待ち受けているのかは誰にも分かりません。確かなのはただ一つ、これまでの常識が通用しない時代、あり得ないと思われていたことが起こる時代になることです。

ハイパーインフレの到来はその一つです。

私は15年前から「いずれハイパーインフレの時代が来る」と言ってきました。当時は2008年のリーマンショックへの対応として各国が大規模な財政出動（政府債務の拡大）を行っていました。2020年からのコロナショックでもまた、多くの国が莫大《ばくだい》な財政出動を行いました。私の見るところ、GDP（国内総生産）に対する政府債務の比率が飛び抜けて高い日本ではすでにハイパーインフレが始まっています。

店頭価格が2倍に跳ね上がったコメの高騰は一例に過ぎません。深刻な人手不足から多くの企業は初任給をはじめ賃金を大きく引き上げており、物価上昇と賃金上昇のサイクルが回り始めると簡単に止めることはできません。

ハイパーインフレとなれば、現金や預金の価値は大幅に目減りします。そこで私は15年前から実物資産をいろいろ買ってきました。私が知る範囲でも、時代の変化に敏感な人ほどさまざまな実物資産に投資しています。

ただ、実物資産への投資はインフレヘッジに有効ですが、資産をより増やしていくという意味では希少性の見極めが重要です。高額であっても希少性が低いものは需要が増えず、せいぜい物価上昇率に追随する程度です。希少性が高ければ高いほど需要は高まり、資産価値は物価上昇率を上回って上昇します。さらに、戦争や自然災害など万が一を想定すると、実物資産の一部については機動的に運